実例！英単語速習術
——例文で覚える一〇〇〇単語

晴山陽一
Hareyama Yoichi

ちくま新書
558

実例！英単語速習術

例文で覚える一〇〇〇単語

【目次】

はじめに

007

プロローグ

1000単語いまだ健在なり!

009

PART 1

人とテクノロジー

1習慣を変える 020／2名声と信望 022／3性格いろいろ 024／4人と能力 026／5知識とコンピュータ 028／6論理的な思考 030／7理論と実証 032／8人工知能(AI) 034／9生活とテクノロジー 036／10若きベンチャー社長 038

PART 2

経済

11部門の効率 042／12在庫管理の刷新 044／13製品の特性 046／14質か量か 048／15消費税 050／16バブルの崩壊 052／17貿易と日本経済 054／18景気の低迷 056／19不況からの脱却 058／20会社ぐるみ 060

PART 3

ビジネス

21 2通りの人物評価 064／22人事採用 066／23仕事のやりがい 068／24部下と上司の会話 070／25逃した契約 072／26失敗と成功 074／27リスク・マネージメント 076／28判断力 078／29困難にどう対処するか 080／30保険の契約をめぐる会話 082

PART 4

政治

31民主主義と議会 086／32大統領と野党の関係 088／33州と連邦 090／34国際会議のテーマ 092／35戦争の終結 094／36軍隊と日本 096／37憲法改正 098／38市民権 100／39裁判と判決 102／40無罪か有罪か 104

PART 5

教育

41脳の働き 108／42 2種類の大学生 110／43大学生の実態 112／44算数のできない大学生 114／45学力低下 116／46英語教育 118／47化学の先生 120／48 5つの問題 122／49物理学と化学 124／50 2つの宇宙論 126

PART 6

社会

51ブラックジャック 130／52眼の手術 132／53病気とケア 134／54児童虐待 136／55家庭内暴力 138／56認知症の話 140／57遺産争い 142／58カード犯罪 144／59自動車と事故 146／60地震と被災者 148

PART 7

人生

61子供と世界 152／62思春期の悩み 154／63女性の役割 156／64家事時間の減少 158／65持ち家 160／66日常からの逸脱 162／67熟年離婚 164／68高齢化社会 166／69退職後の生活 168／70退職後の余暇 170

PART 8

余暇

71ガーデニング 174 72旅を楽しむ 176／73外国での生活 178／74話し上手 180／75人と人の距離 182／76有名人への盲目的崇拝 184／77与えられた名誉 186／78芸能人とゴシップ 188／79占い 190／80地獄の功徳 192

PART 9

文化

81人間という哺乳動物 196／82進化と生き物 198／83生物の種 200／84熱帯地方 202／85南極探検 204／86好きな作家 206／87文学と一般人 208／88翻訳の難しさ 210／89ある絵画をめぐる会話 212／90音楽留学 214

PART 10

歴史

91環境破壊と環境保護 218／92遺跡と開発 220／93宗教の価値 222／94農業の方法 224／95集団と個人 226／96ローマ帝国と奴隷 228／97地理学と測量 230／98ある民族の話 232／99革命の時代 234／100フランス革命 236

エピローグ

この1000単語で英字新聞も読める!

239

これだけは覚えていただきたい1000単語

245

■はじめに■

『英単語速習術』を世に出してから７年たった。この間、同書は17回も版を重ね、12万人以上の読者に利用されてきた。「この本に出合って、英語の学習が驚くほど進みました！」といった感謝の手紙も多数いただいた。

単語の覚え方には、いろいろなやり方がある。人により、好みの方法、覚えやすい方法が違って当然だが、『英単語速習術』で私が主張した**「忘れるヒマを与えない記憶法」**は、迅速かつ確実な学習法として、いまや完全に市民権を得た感がある。この記憶法を他の分野に応用した書物も見かけるようになった。

最近、ネットを通して、例文付きの『英単語速習術』を待望する読者がおられることを知った。そこで、1000単語のすべてに例文を付け、『実例！英単語速習術』と題して刊行することにした。単に例文を並べるのでは能がないので、**《単語、英作文、解釈》の３通りの学習**ができるよう、工夫に工夫を重ねて作ったのが本書である。

例文はすべて英国人作家、クリストファー・ベルトン氏に作成していただいた。どうか本書を通じて、単語の使い方だけでなく、ネイティブの英語センスを丸ごと盗んでいただきたい。

英語の学習が思うように進まないと感じておられる方も、本書に最後の望みを託してほしい。この１冊で、あなたの英語力は驚くほど変わるだろう。

2005年５月　晴山陽一

プロローグ

1000単語いまだ健在なり!

■１冊で３通りに使える本

英語を身につけようと本気で思っている人の多くは、仕事や勉強に忙しく、時間のかかる英語学習法に付き合っている余裕がない。「数千時間の“聞き流し”が実に有効です！」といった悠長なアドバイスを聞いているヒマさえないのが実情だ。

本書は小さい本ながら、《単語、英作文、解釈》という３通りの学習が一挙にできる。同じ素材で３通りの学習ができるので、時間とエネルギー（とお金）の節約になる。３冊の本でバラバラに学習するより、はるかに定着度も高いはずだ。

さっそく本書の「仕掛け」をご説明することにしよう。

●

通常の単語集は、膨大な数の単語の羅列でできている。単語を覚えるだけでも容易でないのに、語法的注意や例文やその和訳がコテコテに盛られていて、息つく間もない。だから必ず息切れする。

本書はまず、延々と続く**単語の羅列を廃止**した。1000単語を10単語ずつ100のグループに分け、１グループの10単語を使って読み切りのストーリーを作ることにした。従って、本書は**100話で構成された英文解釈本**でもある。

ちょっと中をのぞいて見ていただきたい。英文解釈本なら、まず英文が目に飛び込んでくるはずだが、この本は違う。左のページに日本文を、右のページに英文を配してある。そして、左ページの日本文の中に、ターゲットとなる英単語を埋め込んである。

例を示そう。次にお見せするのは51番目のストーリー「ブラックジャック」の最初の３文である。まず左ページの日本文からご覧いただこう。

【A】

①ブラックジャックは漫画の中の外科医(surgeon)の名前である。

②彼は非常に有能(capable)ながら無免許医師である。

③彼はどんな病でも治す(cure)ことができるので有名だ。

では次に、①②③に対応する右ページの英文だ。

【B】

①Black Jack is the name of a **surgeon** in a cartoon.

②He is a very **capable** but unlicensed doctor.

③He is famous for being able to **cure** any sickness.

そして、ページ下に設けた語彙欄に、ターゲットとなる単語の発音と語義が示されている。

【C】

□ **surgeon** [sə́ːrdʒən]	名 外科医
□ **capable** [kéipəbl]	形 能力がある、有能な
□ **cure** [kjúər]	名 治療、治療薬　動 癒す

■3種類の学習法

では、先ほど《単語、英作文、解釈》の3通りの学習ができると言った意味を、順に説明していこう。

(1)単語

まず、【A】を読むだけで単語の学習になる。つまり、「ブラックジャックは漫画の中の外科医(surgeon)の名前である」という文を虚心坦懐に眺めれば「外科医＝surgeon」という語彙情報が得られるはずである。

⑵英作文

次に、【A】の日本文から右ページの英文（Black Jack is the name of a **surgeon** in a cartoon.）を予測する。これはまさに、英作文の練習となる。その際、「外科医＝surgeon」という語彙知識が大きなヒントになるだろう。

⑶英文解釈

さらに、右ページの英文を①から⑩まで通して読めば、それがイコール英文解釈の修行になる。せっかく10単語を用いたストーリーをご用意したので、ぜひ英文を通して、ひとつの読み物として読んでいただきたい。語彙の確認にもなり、一石二鳥である。

⑷再び単語

最後に、ページ下の語彙欄で、もう一度単語の知識を整理することができる。チェック欄の□を利用して、まだ覚えていない単語を対象に「**忘れるヒマを与えないチェック**」を繰り返せば、必ず1000単語をものにすることができるだろう。

これが、本書の使い方の、いわばフルコースである。

ただし、時間のない方、あるいは、まず全体像を把握するのがお好きな方は、【A】だけをまとめて読んでいただいてかまわない。私流に言わせてもらえば、この〈**俯瞰学習**〉は１日か２日で終わらせてほしい。そうすれば、1000単語の全容を把握し、100個のストーリーの概要をつかむことができる。その爽快感は計り知れないものがある。

学習はリズムであり、心と体を使った運動の一種である。リズムに乗れない学習は必ず破綻する。

■こんな学習法もある！

本書はマルチプレーのできるニュータイプの単語本である。言い方を変えるなら、**英作文と英文解釈のインストールされた単語本**である。英作文や英文解釈に重点を置いて読んでも全然かまわない。どの道1000単語はゲットできるのだから。

すでにお話ししたように、本書の英文は出来合いの入試長文ではなく、世界的に活躍している気鋭の英国人作家の書き下ろしである。日本通のベルトン氏でなければ書けないユニークな英文が満載されている。英語学習から離れて、コンテンツを楽しんでいただいても、一向にかまわない。ご自分にあった利用の仕方、楽しみ方を工夫していただきたいと思う。負担の少ない学習法を発見するのが、学習のコツでもある。「こんな利用法が効果があった」という情報があれば、未来の読者のためにぜひお聞かせ願いたい。

なお、右ページの英文中で、太字はそのセンテンスのターゲット単語であることを示している。また、下線が引いてある単語は、『英単語速習術』で選定した「必須1000単語」に該当する単語である。次の例でご確認いただきたい。

Technology advances at an incredible rate.（⑨-①）
（科学技術はすさまじい速さで進んでいる）

technologyがこの文のターゲット単語、advanceとincredibleは「必須1000単語」の該当単語（他の文でターゲット単語となる）というわけだ。

●

最後に、効果絶大の、いささか泥臭い学習法をご紹介しよう。それは、**右ページの英文をひたすら音読**するやり方だ。１日10話と決めれば10日で一巡する。１日20話と心を決めれば、たった５日で一巡する（朝10話、夜10話という手もある)。この学習法に徹する方は、とりあえず10サイクルを目指して頑張っていただきたい。たったそれだけの努力でも、驚くべき結果があなたを待っているだろう。

本当に時間がない方は、**まず左ページの日本文に最後まで目を通し、次に右ページの英文を通して１回音読**してほしい。たいして時間はかからない。フルスピードなら３日か４日だろう。そして、また時間が見つかった時にこの〈セット学習〉を繰り返す。この場合は、セットで学習することがコツになる。シャワーを浴びる感覚でお試しいただきたい。本格学習の前の**〈プレ学習〉**としてもおすすめの方法である。

以上、ご自分の持ち時間と、学習の目的に合わせて、本書の利用法を決めていただきたい。ともあれ、まずは**【A】**をコンパクトに通読することをおすすめする。

現代は物事の回転が速い。長いスパンの計画で学習を貫徹するのは、よほど強い意志を持たないと難しい。学習スパンを短くして、小さな目標をひとつひとつクリアしていくほうが、結局は高みに昇る早道になると思う。

■1000単語いまだ健在なり！

すでに言及したが、『英単語速習術』の中で、私は受験生や社会人が絶対に避けて通れない「必須1000単語」を厳選した。そして、「この1000単語で大学受験も大丈夫！」という売り文句を実証するため、東大の入試問題を例に、いかに1000単語が的中するかをお見せした。

もう一度具体的な数字で確認しておこう。1998年度、東京大学前期日程試験①の長文は、全部で238単語から成っていたが、そのうちの56単語が「必須1000単語とその派生語」で占められていた。これは、総単語の24パーセント弱に当たる。普通、英文の50パーセントは超基礎語、20パーセントは準基礎語で占められるから、残る重要単語の大半は私が選定した1000単語（とその派生語）で占められていたことになる。

しかし、これはすでに７年も前の調査である。ここに新しい本を編むにあたって、1000単語の有効性が今なお健在かどうか再確認するのは、著者の義務であろう。

そこで、前回と同様、2004年度の東大の前期日程試験[1]を対象にして、調査をしてみた。次にお見せするのは、その結果である。太字は「必須1000単語」、点線を引いたのはその派生語である。この資料は、お読みいただく必要はない。「こんなに当たるんだ！」という感触を得ていただければ十分である。

【前半】

Chess masters can **exhibit remarkable memory** for the location of chess pieces on a **board**. After just a single five-second exposure to a **board** from an **actual** game, international masters in one study **remembered** the locations of nearly all twenty-five pieces, **whereas** beginners could **remember** the locations of only about four pieces. Moreover, it did not **matter whether** the masters knew that their **memory** for the **board** would be tested later ; they **performed** just as well when they **glanced** at a **board** with no intention to **remember** it. But when the masters were shown a **board consisting** of randomly **arranged** pieces that did not **represent** a meaningful game **situation**, they could **remember** no more than the beginners.

前半部の単語総数は119語。そのうち「必須1000単語とその派生語」は29単語で、占有率は24パーセント強である。

【後半】

Experienced actors, too, have **extraordinary memory within** their field of specialized **knowledge**; they can **remember** lengthy scripts with **relative** ease, and the explanation for this is much the same as in the case of the chess masters. Recent studies have shown that rather than **attempting** word-by-word memorization, actors **analyze** scripts for clues to the **motivatioins** and goals of their **characters**, unconsciously **relating** the words in them to the whole of their **knowledge**, built up over many years of **experience**; memorization is a **natural** by-**product** of this **process** of **searching** for meaning. As one actor put it, "I don't really memorize. There's no **effort involved** ... it just happens. One day early on, I know the lines." An actor's **attempt** to make sense of a script often **involves extended** technical analyses of the exact words used by a **character**, which in turn **encourages precise recall** of what was said, not just the **general** sense of it.

後半部の単語総数は155語。そのうち「必須1000単語とその派生語」は44単語で、占有率は28パーセント強である。

この結果から見る限り、「必須1000単語」は今なお健在、いや、ますます健在と言える。**大学入試の英文は、昔も今**

もこの1000単語を核にして作られていると言っても、決して過言ではないのである。

前著と同様、大学受験、TOEIC対策、学生や社会人の単語力強化のため、本書を縦横無尽にお使いいただきたい。作文力、解釈力のアップというおまけまで付いている。例えば、受験勉強に行き詰まりを感じている受験生なら、本書を徹底的に読み込むことから道を開いてほしい。

最後に、素晴らしい英文を書いてくださったクリストファー・ベルトンさん、本書の制作でたいへんお世話になった谷口鶴代さん、そして、この6冊目のちくま新書でも先導役を務めてくださった筑摩書房の山本克俊さんに、心からのお礼を申し上げたいと思う。

では、いよいよ「1000単語ワールド」の扉を開くことにしよう。できれば全文暗記するくらいの気魄（きはく）で、本書をボロボロになるまで使いこんでいただきたい。

本書は100編の読み物でできている。読みやすいように、10編ずつを束ねてひとつのPARTとした。各PARTは次のようなテーマでくくってある。1. 人とテクノロジー、2. 経済、3. ビジネス、4. 政治、5. 教育、6. 社会、7. 人生、8. 余暇、9. 文化、10. 歴史。ご自分の興味のあるPARTから読んでいただいてもかまわない。長文の長さは85～120単語である。各PARTごとに、学習の「進捗状況チェック表」を設けた。学習結果の確認にご利用いただきたい。また、巻末には、1000単語の総索引もご用意した。

PART 1

人とテクノロジー

*

1 習慣を変える

①誰でも自分の習慣(habits)を変えるのに苦労する。
②自分の信念に固執し(cling to)、決して習慣を変えない人もいる。
③喫煙の習慣(practice)は、特にやめるのが難しい。
④社会的な慣習(customs)も、個人の習慣と同様にやめるのが困難である。
⑤伝統(tradition)に固執する人は、自分たちの慣習をいつまでも変えたがらない。
⑥彼らは慣れ親しんだ慣習と異なる(differ from)慣習を受け入れるのに苦労する。
⑦新しい慣習に自分自身を慣らす(accustom oneself)ことが大切だ。
⑧幅広いものの見方を学ぶ必要がある(necessary)。
⑨それにはたいへんな忍耐、努力、そして、たゆまぬ訓練(exercise)が必要である。
⑩強い意志だけが悪習慣を変え、生活を改善することを可能にする(enable)ものだ。

□ **habit** [hǽbit]	名 習慣、癖、気質
□ **cling** [klíŋ]	動 執着する、ぴったりつく
□ **practice** [prǽktis]	名 練習、習慣、慣例 動 実行する、練習する
□ **custom** [kʌ́stəm]	名 慣習、(customs で) 関税、税関
□ **tradition** [trədíʃən]	名 伝統、慣例

①Everyone has trouble changing their **habits**.
②Some people **cling** to their beliefs and never change their habits.
③The **practice** of smoking is especially difficult to quit.
④Social **customs** are as difficult to give up as personal habits.
⑤Those who stick to **tradition** are always unwilling to change their customs.
⑥They have trouble accepting customs that **differ** from those they are used to.
⑦It is important to **accustom** yourself to new customs.
⑧It is **necessary** to learn how to take the wide view.
⑨It requires much patience, effort and regular **exercise**.
⑩Only a strong will will **enable** you to change your bad habits and improve your life.

□ **differ** [dífər]	動 異なる、意見が合わない
□ **accustom** [əkʌ́stəm]	動 慣れさせる
□ **necessary** [nésəsèri]	形 必要な、必然的な
□ **exercise** [éksərsàiz]	名 運動、練習　動 訓練する、運動させる
□ **enable** [inéibl]	動 可能にする、～できるようにする

2　名声と信望

①一生の間に少なくとも一度は名声(fame)を博したいとたいていの人が思っている。
②より高い地位を得たい(attain)と、ひたすら願っている人もいる。
③成功するためにできる(possible)ことを何でもやるのが、人情である。
④しかし、名声と栄誉(glory)への道は確かに(certainly)たやすくはない。
⑤栄誉を得る(earn)よりも信望(prestige)を得るほうが簡単である。
⑥信望があればあるほど、より多くのお金を稼ぐ(earn)可能性が高くなる。
⑦これとは反対に、悪い評判(reputation)はえてして逆効果になる。
⑧しかし、信望だけでは威厳(dignity)はつかない。
⑨人生で得る(obtain)ものは、その人の人間としての価値の直接の結果である。

□	**fame** [féim]	名 名声、評判
□	**attain** [ətéin]	動 達成する、遂げる
□	**possible** [pάsəbl]	形 可能な、起こりうる
□	**glory** [glɔ́ːri]	名 栄光、壮観
□	**certainly** [sə́ːrtənli]	副 確かに、もちろん

①Most people would like to gain **fame** at least once in their lifetime.
②Some people just wish to **attain** a higher position.
③It is human nature to do everything **possible** in order to attain success.
④But the road to fame and **glory** is **certainly** not easy.
⑤It is easier to **earn prestige** than to **earn** glory.
⑥The more prestige you have, the more money you are likely to earn.
⑦On the contrary, a bad **reputation** will have the opposite effect.
⑧But prestige alone does not give man **dignity**.
⑨What you **obtain** in life comes as a direct result of your value as a human being.

□ **earn** [ə́ːrn]	動 稼ぐ、得る
□ **prestige** [prestíːʒ]	名 名声、威信
□ **reputation** [rèpjutéiʃən]	名 評判、名声
□ **dignity** [dígniti]	名 威厳、品位
□ **obtain** [əbtéin]	動 得る、達成する

3 性格いろいろ

①人の性格（character）は誕生の時に決まる。
②性格で一番大事なもののひとつは、ユーモア（humor）のセンスだ。
③バランス感覚（even temperament）も評価が高い。
④ひとりよがりの（fancy）ことしかしないような人は、人気がない。
⑤すぐに癇癪を起こす（lose one's temper）傾向の人もまたしかり。
⑥穏やかな（moderate）考え方の人は、仕事の上でも役に立つ。
⑦会社が人を雇う（employ）時、かなり性格を重要視する。
⑧仕事をすばやく身につける能力を兼ね備えた（combined）陽気な人を、どこの企業も欲しがっている。
⑨もちろん、他の人と働く時は、礼儀正しさ（good manners）も重要である。
⑩だが、性格に関する一番注目すべき（remarkable）点は、誰ひとりとして同じ性格ではないということだ。

□ **character** [kǽrəktər]	名 性格、特徴
□ **humor** [hjúːmər]	名 気質、ユーモア
□ **temperament** [témpərəment]	名 気質、体質
□ **fancy** [fǽnsi]	名 空想、気まぐれ、好み 動 心に描く、想像する
□ **temper** [témpər]	名 気分、癇癪

①A person's **character** is determined at birth.
②One of the most important elements of a person's character is a sense of **humor**.
③An even **temperament** is also valued.
④People who do whatever they **fancy** are not very popular.
⑤Neither are people who have a tendency to lose their **temper** easily.
⑥A **moderate** outlook on life will also help people in their careers.
⑦When companies **employ** people, they place much emphasis on character.
⑧A pleasant personality **combined** with swift learning skills is what every company wants.
⑨Naturally, good **manners** are also important when working with other people.
⑩But the most **remarkable** thing about characters is that no two people share the same one.

□ **moderate** [mάdərit]	形 適度の、節度のある
□ **employ** [implɔ́i]	動 雇う、仕事を与える
□ **combine** [kəmbáin]	動 結合する、化合する
□ **manner** [mǽnər]	名 態度、方法、(mannersで)行儀
□ **remarkable** [rimάːrkəbl]	形 注目すべき、著しい、異常な

4 人と能力

①誰でも自分の能力(capacity)をある程度は知っている。
②技能(skill)を磨けば能力を上げられる。
③向上のための努力は、誰もが認めてくれる(be appreciated)だろう。
④しかし、知識を吸収する能力(faculty)にはたいてい限界がある。
⑤猛勉強しないと、このような限界を超える(exceed)ことは極めて難しい。
⑥持って生まれた能力(abilities)を伸ばすほうが、ずっと楽だ。
⑦生まれ持っている技能には、ほとばしるような別の魅力(appeal)がある。
⑧一部の人たちは、生まれつき並はずれた(extraordinary)才能を持っている。
⑨彼らはたいていの人にはとうてい無理な働き(functions)を、あっさりとやってのける。
⑩人類を驚嘆すべき(marvelous)ものにしているのは、このような違いである。

□ **capacity** [kəpǽsiti]	名 能力、収容力
□ **skill** [skíl]	名 熟練、技能
□ **appreciate** [əpríːʃièit]	動 真価を認める、感謝する、鑑賞する
□ **faculty** [fǽkəlti]	名 能力、技能、学部
□ **exceed** [iksíːd]	動 超える、勝る

①Everyone knows their **capacity** to some degree.
②It is possible to improve on this if you refine your **skills**.
③Displaying an effort at improvement will be **appreciated** by everybody.
④But there are often limitations to one's **faculty** for absorbing knowledge.
⑤And it is extremely difficult to **exceed** these limitations without hard work.
⑥It is much easier to improve on natural **abilities**.
⑦Natural skills have the added **appeal** of coming instinctively.
⑧The talents that some people are born with are absolutely **extraordinary**.
⑨They can effortlessly perform **functions** that most of us will never learn.
⑩It is differences like this that make the human race so **marvelous**.

□ **ability** [əbíliti]	名 能力、才能
□ **appeal** [əpíːl]	動 訴える、懇願する　名 懇願、控訴、魅力
□ **extraordinary** [ikstrɔ́ːrdinèri]	形 異常な、臨時の
□ **function** [fʌ́ŋkʃən]	名 機能、役割
□ **marvelous** [mɑ́ːrvələs]	形 驚くべき、不思議な

5 知識とコンピュータ

①問題の解決策(solutions)を見つけるのに最も重要な要素は何か。
②豊富な知識(knowledge)がそれだと言う人は多いだろう。
③確かに基本的な(fundamental)知識は不可欠である。
④そして、その知識は正確(accurate)でなければならない。
⑤科学的な手法(scientific methods)も問題を解決するために役立つ。
⑥例えば、コンピュータシステム(systems)は統計資料を作るのに使える。
⑦コンピュータは膨大な量のデータ処理を、それこそ苦もなく(readily)こなす。
⑧しかし、コンピュータの下す決定(decisions)が必ずしも最適だとは限らない。
⑨いかに正確であっても、それらの解決策は人間社会で大事な「情」が欠落していることを示している(suggest)。

□ **solution** [səlúːʃən]	名 解決、解答
□ **knowledge** [nɑ́lidʒ]	名 知識、学問、認識
□ **fundamental** [fʌ̀ndəméntəl]	形 基本的な、根本的な
□ **accurate** [ǽkjurit]	形 正確な、厳密な
□ **scientific** [sàiəntífik]	形 科学の、科学的な

①What is the most important element for finding the **solutions** to problems?
②A lot of people think that it is abundant **knowledge**.
③Certainly, **fundamental** knowledge is indispensable.
④And, the knowledge should be **accurate**.
⑤**Scientific methods** can also be used to solve problems.
⑥For instance, computer **systems** can be used to provide statistical data.
⑦They **readily** process huge amounts of data without any trouble at all.
⑧However, the **decisions** made by computers are not always the most suitable.
⑨Despite their accuracy, their solutions **suggest** a lack of emotion, which is important in our society.

□ **method** [méθəd]	名 方法、規律、筋道
□ **system** [sístəm]	名 体系、組織、制度
□ **readily** [rédili]	副 快く、苦もなく
□ **decision** [disíʒən]	名 決心、決定
□ **suggest** [səgdʒést]	動 暗示する、提案する

6 論理的な思考

①ものの考え方(concepts)を進んで変えようとする人はいない。
②私たちはみな、何についても自分が正しいという思い込み(notion)を持っている。
③道理(logic)が通っていなくてもだ。
④意見をまとめる能力は複雑な(complex)能力だ。
⑤そしてこの才能の使い方を間違えると、不適切な(not appropriate)意見になってしまうだろう。
⑥誰でもみな、過去にばかげた(absurd)考えを思いついたことがあると認めるのにやぶさかではないだろう。
⑦理想的な(ideal)解決策を目指してはいても、時には感情によって判断を誤ることがある。
⑧概して(in general)我々は感情的になっている時、論理的な思考力を失いがちである。
⑨そして、こういう時の決定は我々の偏見を形にしたものだ(embody)。
⑩このような時には、結論を出す前に問題をよく話し合う(discuss)のが賢明である。

□ **concept** [kánsept]	名 概念、考え
□ **notion** [nóuʃən]	名 観念、意見
□ **logic** [ládʒik]	名 論理学、論理
□ **complex** [kámpleks]	形 複雑な、複合の 名 複合観念、合成物
□ **appropriate** [əpróupriit]	形 適当な、適切な

①Nobody is willing to change their **concepts** about things.
②We all have the **notion** that we are correct about everything.
③Even when **logic** tells us we are wrong.
④The ability to form opinions is a **complex** talent.
⑤And misuse of this talent can result in comments that are not **appropriate**.
⑥Everybody will readily agree that they have come up with **absurd** ideas in the past.
⑦Despite aiming for **ideal** solutions, we are sometimes misled by our emotions.
⑧In **general**, we tend to lose the power of reasoning when feeling emotional.
⑨And our decisions at this time **embody** our prejudices.
⑩At times like this, it is prudent to **discuss** the matter before reaching decisions.

□ **absurd** [əbsə́ːrd]	形 ばかげた、不合理な
□ **ideal** [aidíːəl]	形 理想的な、想像上の、観念的な　名 理想、典型
□ **general** [dʒénərəl]	形 一般的な、全体的な、概略の
□ **embody** [imbɑ́di]	動 具体化する、形に表す
□ **discuss** [diskʌ́s]	動 話し合う、討論する

7 理論と実証

①真実だと認められている理論(theories)がたくさんある。
②ひとつの理論は原理(principle)となる前に、真実であると立証されなければならない(must be demonstrated)。
③また、具体的事例に適用しうる(can be applied)ことが証明されなくてはならない。
④コンピュータモデルを使って理論を例証する(illustrate)ことも可能だ。
⑤それは近ごろ、新しい研究の基盤(basis)となってきた。
⑥しかし、コンピュータモデルの基礎(foundations)は、それを作るプログラマーと少しも変わらない。
⑦にもかかわらず、これらのコンピュータモデルには経済性(economic potential)がある。
⑧実のところ、今や多くの科学機関(institution)がそれらを活用している。
⑨コンピュータの説明で事実を理解する(comprehend)ほうが、自分たちの力でそれを解明するより簡単なのだ。

□ **theory** [θíːəri]	名 理論、原理
□ **demonstrate** [démənstrèit]	動 論証する、説明する
□ **principle** [prínsipl]	名 原理、主義
□ **apply** [əplái]	動 適用する、応用する
□ **illustrate** [íləstrèit]	動 説明する、例解する

①There are many **theories** that are recognized as the truth.
②A theory must be **demonstrated** as true before it becomes a **principle**.
③It must be proved that it can be **applied** to its particular case.
④It is also possible to **illustrate** theories with the use of computer models.
⑤This has recently become the **basis** of new research.
⑥But the **foundations** of computer models are only as good as the programmer.
⑦Despite this, these computer models have **economic** potential.
⑧Many scientific **institutions** now employ them as a matter of course.
⑨It is easier to **comprehend** a computer interpretation of facts than it is to work them out for ourselves.

□ **basis** [béisis]	名 基礎、基本原理
□ **foundation** [faundéiʃən]	名 基礎、設立、財団
□ **economic** [ìːkənɑ́mik]	形 経済学の、経済上の、実用的な
□ **institution** [ìnstitjúːʃən]	名 機関、設立
□ **comprehend** [kɑ̀mprihénd]	動 理解する、包含する

8 人工知能（ＡＩ）

①人工知能(artificial intelligence)はどこまで開発されるのだろうか。

②ある程度の知能を持てる(possess)はずはないと示唆するものは何もない（ある程度の知能は持てるはずだ)。

③しかし、人類の真の知性(intellect)を得たというにはまだ程遠い。

④そして、微妙な表現からの推測(guesses)はコンピュータには無理だろう。

⑤人類の知恵(wisdom)は、広範囲に及ぶさまざまな経験が蓄積されたものだ。

⑥我々は状況のわずかな違いさえも見分け(distinguish)られる。

⑦そして我々は、自分たちの見識(insight)を深く信じている。

⑧年長の(senior)人々を敬うというような、社会的ルールを我々はたくさん学ぶ。

⑨これらの能力は人類が生まれつき持っている(native)ものではなく、(後天的に）学ばなければならないものだ。

⑩これができる機械が作れたら、とてつもない(profound)発明になるだろう。

□ **intelligence** [intélidʒəns]	名 知能、情報
□ **possess** [pəzés]	動 所有する、持っている
□ **intellect** [íntəlèkt]	名 知性、知識人
□ **guess** [gés]	動 推測する、言い当てる 名 推測
□ **wisdom** [wízdəm]	名 知恵、分別

①How far can artificial **intelligence** be developed?
②There is nothing to indicate that it cannot **possess** a certain level of intelligence.
③However, it is still far from obtaining man's true **intellect**.
④And it may be impossible for computers to make informed **guesses** based on subtle expressions.
⑤Man's **wisdom** is accumulated through a wide range of different experiences.
⑥We are able to **distinguish** even slight differences in situations.
⑦And we rely heavily on our sense of **insight**.
⑧We learn many social rules, such as respecting **senior** citizens.
⑨None of these abilities are **native** to man, and must be learnt.
⑩A machine that is able to do this would be a very **profound** invention.

- □ **distinguish** [distíŋgwiʃ] ｜ 動 区別する、見分ける
- □ **insight** [ínsàit] ｜ 名 洞察、見識
- □ **senior** [síːnjər] ｜ 形 年上の、上級の
- □ **native** [néitiv] ｜ 形 生まれた時からの、自国の、土着の
- □ **profound** [prəfáund] ｜ 形 深遠な、心の底からの

9 生活とテクノロジー

①科学技術(technology)はすさまじい速さで進んでいる。
②コンピュータは当初、大型の計算機(calculator)にすぎなかった。
③今やコンピュータのような道具(devices)は、日々の労働になくてはならぬものになった。
④他にも、便利な器具(instruments)がさまざまな分野で発明された。
⑤電力(electric power)を使う製品の多くは、半年ごとにモデルチェンジする。
⑥ほとんどの人は売り出された新製品を試して(experiment)楽しんでいる。
⑦人は電化製品を最も効果的に使うために、ライフスタイルをそれに適応させる(adjust)ことをすぐに覚える。
⑧そしてついには、まるで私たちが生活を発明品に捧げている(devote)ように見える。
⑨企業はさらに時間を節約できる製品を発明する(invent)のに懸命だ。
⑩残念ながら、これは私たちの生活を不自然な(artificial)ものにする結果となった。

□ **technology** [teknɑ́lədʒi]	名 科学技術
□ **calculator** [kǽlkjulèitər]	名 計算機、電卓
□ **device** [diváis]	名 装置、工夫
□ **instrument** [ínstrumənt]	名 楽器、器具
□ **electric** [iléktrik]	形 電気の、電動の

①**Technology** advances at an incredible rate.

②At first, the computer was only a large-scale **calculator**.

③Now **devices** such as the computer have become indispensable to everyday work.

④A wide variety of other convenient **instruments** have also been invented.

⑤Many appliances that use **electric** power are restyled every six months.

⑥Most people enjoy **experimenting** with the new products on the market.

⑦They soon learn to **adjust** their lifestyles to make the best use of them.

⑧So in the end, it appears as if we are **devoting** our lives to devices.

⑨Companies are working hard to **invent** even more time-saving appliances.

⑩Unfortunately, this has the effect of making our lives seem **artificial**.

□ **experiment** [ikspérimənt]	名 実験、試み　動 実験をする
□ **adjust** [ədʒʌ́st]	動 調節する、適合させる
□ **devote** [divóut]	動 捧げる、時間を当てる
□ **invent** [invént]	動 発明する、作り出す
□ **artificial** [ɑ̀ːrtifíʃəl]	形 人工的な、不自然な

10 若きベンチャー社長

①彼は今ではITベンチャー企業(venture company)の社長である。
②学生時代は、コンピュータの改造や製作に没頭して(be absorbed)いたそうだ。
③東大在籍中に、ベンチャー企業の重役(director)に任命された。
④その頃に彼は、ビジネスの交渉(negotiations)術を身につけたようである。
⑤大学在学中にベンチャービジネスで活躍する(active)学生は大勢いる。
⑥彼は多くのエグゼクティブ(executives)と交流がある。
⑦彼を知っている人々は、彼のことをビジネスに対して非常に柔軟性がある(flexible)と話す。
⑧彼は十分な(adequate)資力を作り上げたが、まだまだ満足していない。
⑨将来はますます傑出した存在になるに決まっている(be bound to)と、彼は自負している。

□ **venture** [véntʃər]	名 冒険、冒険的事業　動 あえて～する
□ **company** [kʌ́mpəni]	名 会社、仲間
□ **absorb** [əbsɔ́ːrb]	動 吸収する、夢中にさせる
□ **director** [diréktər]	名 管理職、重役
□ **negotiation** [nigòuʃiéiʃən]	名 交渉、均衡

①He is the president of an IT **venture company** now.
②He is said to have been **absorbed** in remodeling and producing computers in his school days.
③While attending the University of Tokyo, he was appointed the **director** of a venture company.
④He appears he acquired the technique of business **negotiations** in those days.
⑤There are many students who are **active** in business ventures while at college.
⑥He has good contacts with many **executives**.
⑦People who know him speak of him as being extremely **flexible** in business.
⑧Although he has built up **adequate** resources, he is still not satisfied.
⑨He believes that he is **bound** to excel even more in the future.

□ **active** [ǽktiv]	形 活動的な、活動中の
□ **executive** [igzékjutiv]	名 重役、経営幹部　形 実行の、行政の
□ **flexible** [fléksəbl]	形 柔軟な、順応性のある
□ **adequate** [ǽdikwit]	形 適当な、十分な
□ **bound** [báund]	形 縛られた、〜することになっている（98ページ参照）

PART 1　学習進捗状況チェック表

No	タイトル	単語		英作文		解釈	
1	習慣を変える						
2	名声と信望						
3	性格いろいろ						
4	人と能力						
5	知識とコンピュータ						
6	論理的な思考						
7	理論と実証						
8	人工知能（AI）						
9	生活とテクノロジー						
10	若きベンチャー社長						

PART 1「マスター度」チェック

次の3単語が、どのストーリーのどんな文の中に出てきたか、思い出してください。3単語とも思い出せた方は、見事に PART 1 をマスターしておられます。

①habit　②humor　③executive

⇒答えは、それぞれ次のページでお確かめください。
①21ページ　②25ページ　③39ページ

PART 2

経済

*

11 部門の効率

12 在庫管理の刷新

13 製品の特性

14 質か量か

15 消費税

16 バブルの崩壊

17 貿易と日本経済

18 景気の低迷

19 不況からの脱却

20 会社ぐるみ

11 部門の効率

①この部署(department)は、あまりにも効率が悪い。
②職員たちはずさんな運営にうんざり(weary of)しているように見える。
③この問題はこの部署に特有の(unique)ものではなく、会社全体のものだ。
④各部(section)が小さな単位に細分化され(be composed of)すぎている。
⑤効率の悪さの例(instances)は至るところに見られる。
⑥ひとつの仕事がだぶついた社員の間で細切れになっている(be fragmented)。
⑦細部(details)まで詳しく知る人は誰もいない。
⑧ファイルが見当たらない(missing)とき、どこを探せばよいか誰にもわからない。
⑨職員たちを、共通の目標を持つひとつの組織に統合(unite)しなければならない。

□ **department** [dipɑ́ːrtmənt]	名 部門、部署
□ **weary** [wíəri]	形 疲れた、あきあきして
□ **unique** [juníːk]	形 独得の、唯一の
□ **section** [sékʃən]	名 部分、部門
□ **compose** [kəmpóuz]	動 構成する、作る

①This **department** is too inefficient.
②The staff seem to have grown **weary** of a non-caring management.
③This problem is not **unique** only to this department, but throughout the company.
④Each **section** is **composed** of too many small units.
⑤**Instances** of inefficiency can be seen everywhere.
⑥Each chore is **fragmented** between too many workers.
⑦No single person has the full **details**.
⑧When a file is **missing**, nobody knows where to find it.
⑨The staff must be **united** into a single entity focused on a common goal.

□ **instance** [ínstəns]	名 場合、例
□ **fragment** [frǽgmənt]	名 破片、未完成　動 ばらばらにする
□ **detail** [ditéil, díːteil]	名 詳細、細目
□ **missing** [mísiŋ]	形 行方不明の、あるべき所にない
□ **unite** [junáit]	動 結合させる、団結させる

12 在庫管理の刷新

①弊社の商品の大半は、中国で生産されている(be manufactured)。
②日本での生産工程(process)は地方の工場に委託されている。
③この方法は、在庫薄という最新情報をタイムリーに得て、供給不足(lack)を防ぐことを可能にしている。
④また、倉庫に商品を過剰に寝かしすぎなくてもいいように防いで(prevent)いる。
⑤在庫不足(a shortage of stock)は、弊社の顧客に大きな問題を引き起こしうる。
⑥そして顧客が不満を持つと、弊社は巨大な束(bundle)の苦情を受けることになる。
⑦在庫管理を刷新する(reform)前は、数え切れない(numerous)苦情を受けた。
⑧しかし、新しいシステムは顧客の要望を見積もる(estimate)のに役立っている。

□ **manufacture** [mæ̀njufǽktʃər]	名 製造(業)、製品　動 製造する
□ **process** [prɑ́ses]	名 過程、製法　動 加工する
□ **lack** [lǽk]	名 欠乏、不足　動 欠けている
□ **prevent** [privént]	動 妨げる、予防する
□ **shortage** [ʃɔ́:rtidʒ]	名 不足、欠陥

①The majority of our company's products are **manufactured** in China.
②The **process** of manufacturing in Japan has been entrusted to local factories.
③This enables us to obtain timely updates on low stocks to prevent a **lack** of supplies.
④It also **prevents** us from having to stock too many products in our warehouses.
⑤A **shortage** of **stock** can cause our clients big problems.
⑥And when our clients are unhappy, we get a huge **bundle** of complaints.
⑦We received **numerous** complaints before we **reformed** our stock management.
⑧But the new system helps us **estimate** our customer's requirements.

□ **stock** [stɑ́k]	名 在庫、貯蔵、株　動 仕入れる、貯蔵している
□ **bundle** [bʌ́ndl]	名 束、包み　動 束ねる、包みにする
□ **numerous** [njúːmərəs]	形 多数の、大勢の
□ **reform** [rifɔ́ːrm]	動 改革する　名 改革
□ **estimate** [éstimèit]	動 見積もる、判断する　名 見積もり

13　製品の特性

①ある製品は非常に優れた特性(features)を備えている。
②時には、これらの特性によって新しい製品が形づくられる(be molded)こともある。
③製品改良の趨勢を逆転させる(reverse)ことは、もはや不可能な段階に来ている。
④しかし、それとは裏腹(contrast)に、企業は現在、技術ではなく外観に力を注いでいるように見える。
⑤広く普及している(get excess use)製品も、今ではできる限り使いやすく改良されている。
⑥これは本来の機能を変えてしまう(alter)ものでは全くない。
⑦製品の本来の目的がはっきり(apparent)するよう、さまざまな努力がなされている。
⑧しかし、最近の広告は機能だけではなくデザインも描写している(describe)。
⑨近ごろの消費者が本質的な特性よりも外観を重視するのは、奇妙なことだ(odd)。
⑩美しく見える製品は、私たちの視点(gaze)を機能からそらすのは確かである。

□ **feature** [fíːtʃər]	名 特徴、容ぼう
□ **mold** [móuld]	名 型、特性　動 (型にいれて)形づくる
□ **reverse** [rivə́ːrs]	動 逆にする　名 逆、裏 形 逆の、裏の
□ **contrast** [kántræst]	名 対照、対比　動 対比する
□ **excess** [iksés]	名 超過、余分(の)

①Some products are equipped with excellent **features**.
②Sometimes these features are **molded** into new products.
③We have reached a stage where it is impossible to **reverse** the trend in product evolution.
④However, in a strange **contrast**, companies now seem to be concentrating on form, not technology.
⑤Products that get **excess** use are now shaped to be used as comfortably as possible.
⑥This in no way **alters** the original function.
⑦Efforts are made to ensure the product's original purpose is **apparent**.
⑧But recent advertisements **describe** not only function, but also design.
⑨It is **odd** that consumers nowadays prefer external shape more than internal features.
⑩Products that look beautiful are sure to draw our **gaze** away from function.

☐ **alter** [ɔ́:ltə*r*]	動 変える、変わる
☐ **apparent** [əpǽrənt, əpέərənt]	形 明白な、外見上の
☐ **describe** [diskráib]	動 描写する、述べる
☐ **odd** [ɑ́d]	形 奇妙な、半端の、奇数の
☐ **gaze** [géiz]	動 凝視する、じっと見つめる 名 注視

14 質か量か

①質(quality)よりも量(quantity)が好まれる時代が、かつてあった。
②しかしながら、今日では人々は質により多くの価値(value)を見出す傾向にある。
③本物の(genuine)製品をわざわざ探し求める。
④私たちは本物には多額のお金を払う価値がある(worth)と思っている。
⑤そうするためには、各製品を見比べる(compare)能力がなければならない。
⑥誰もが自分にはこの能力があると思っているが、必ずしもそうではない(not entirely)。
⑦それが流行のものなら、品質が悪くても買うことにこだわっている(persist)人たちもいる。
⑧また簡単な写真だけで判断しなければならない通信販売(order shopping)にも、多額のお金を使っている。
⑨ブランド名は、そこそこの製品に割高の(extra)料金を払わせる戦略でもある。

□ **quantity** [kwántiti]	名 量、多量
□ **quality** [kwáliti]	名 質、特性
□ **value** [vǽljuː]	名 価値、評価　動 評価する
□ **genuine** [dʒénjuin]	形 本物の、純粋の
□ **worth** [wə́ːrθ]	形 価値がある、〜に値する 名 価値、重要性

①It used to be that people preferred **quantity** to **quality**.

②Nowadays, however, people tend to place more **value** on quality.

③We go out of our way to seek products that are **genuine**.

④We feel that it is **worth** paying huge sums for real quality.

⑤To do this, we have to have the ability to **compare** products against each other.

⑥Although we all believe we have this ability, this is not **entirely** true.

⑦Some people still **persist** in purchasing products of bad quality if they are fashionable.

⑧And we spend large sums on mail **order** shopping based on simple photographs.

⑨Brand names are also a ruse to make us pay **extra** for middle-of-the-road products.

□ **compare** [kəmpéər]	動 比較する、たとえる
□ **entirely** [intáiərli]	副 まったく、完全に
□ **persist** [pərsíst]	動 固執する、主張する
□ **order** [ɔ́ːrdər]	名 順序、注文、命令　動 命令する、注文する
□ **extra** [ékstrə]	形 余分な、特別な、割増の

15 消費税

①消費(consume)すればするほど、多く消費(consumption)税を払わなければならない。
②日用品(everyday products)の消費税が値上げされてからは、売り上げが減少した。
③多くの国では、消費税は贅沢(luxury)品にのみ課せられる。
④例えば、電化製品、宝石(jewels)、自動車、家などである。
⑤日本では、食品を含むほとんどすべての商品(goods)に課税される。
⑥外国の(external)製造元から輸入された製品にまで課税される。
⑦政府は消費税率を上げる制度を、現在推し進めて(promote)いる。
⑧しっかりした(secure)歳入源は、将来の年金をまかなうために必要である。
⑨一般大衆がさらなる増税を許容する(allow)かどうかは、また別の話であるが。

□ **consume** [kənsjúːm]	動 消費する、使い果たす
□ **consumption** [kənsʌ́mpʃən]	名 消費(量)、肺病
□ **product** [prɑ́dʌkt]	名 産物、製品
□ **luxury** [lʌ́kʃəri]	名 贅沢、豪華さ
□ **jewel** [dʒúːəl]	名 宝石

①The more you **consume**, the more **consumption** tax you pay.
②Sales have decreased since consumption tax was raised for everyday **products**.
③In many countries, consumption tax is only imposed on **luxury** items.
④For example, electrical appliances, **jewels**, cars, and houses, etc.
⑤In Japan almost all **goods** are taxed, including food.
⑥Even products imported from **external** sources are taxed.
⑦The government is now **promoting** a system in which consumption tax will be raised.
⑧**Secure** sources of income are necessary to pay for future pensions.
⑨Whether the general public will **allow** another increase is another matter.

□ **goods** [gúdz]	名 商品、品物
□ **external** [ikstə́ːrnəl]	形 外部の、表面的な、外国の
□ **promote** [prəmóut]	動 促進する、昇進させる
□ **secure** [sikjúər]	形 安全な、確保された 動 安全にする
□ **allow** [əláu]	動 許す、させておく、与える

16 バブルの崩壊

①バブルが弾けて(burst)、小さな独立事業者の多くは大損害(losses)を受けた。
②私の会社も以前はかなり利益(profit)をあげていたものだった。
③しかし、私の収入(income)は年間(annual)ベースで減少し続けている。
④もはや賃金(wages)だけではやっていけないので、副業も持っている。
⑤子供3人が、金のかかる(costly)私立校に通っている。
⑥引退後のために蓄える(reserve)貯金をする余裕がない。
⑦それなのに、ローン会社はばかげたテレビコマーシャル(commercials)で、人々の借金をさらに大きくしたがっている。
⑧人々の安定した生活を確保する(ensure)のが政府の任務だと思う。

□ **loss** [lɔ́ːs]	名 損失、敗北、損害
□ **burst** [bə́ːrst]	動 破裂する、破裂させる
	名 破裂
□ **profit** [prɑ́fit]	名 利益、得
□ **income** [ínkʌm]	名 収入、所得
□ **annual** [ǽnjuəl]	形 年1回の、毎年の

①Many small, independent dealers received heavy **losses** with the **burst** of the bubble.
②My company used to make a lot of **profit** before.
③But my **income** has been decreasing on an **annual** basis.
④I can no longer manage on my **wages** alone, so I have a side job as well.
⑤Three of my children go to **costly**, private schools.
⑥I cannot afford to put savings aside in **reserve** for my retirement.
⑦And loan companies want people to get even further into debt, with their idiotic TV **commercials**.
⑧I think it is the government's duty to **ensure** people a stable life.

□ **wage** [wéidʒ]	名 賃金、給料
□ **costly** [kɔ́ːstli]	形 高価な、犠牲の多い
□ **reserve** [rizə́ːrv]	動 予約する、取っておく 名 備え、遠慮
□ **commercial** [kəmə́ːrʃəl]	形 商業の、通商の 名 コマーシャル
□ **ensure** [inʃúər]	動 保証する、確実にする

17 貿易と日本経済

①日本の産業にとって輸出(exports)はきわめて重要な要素である。

②しかしながら、輸出は違法な(illegal)ダンピングであるという非難も惹き起こす。

③近年(lately)このような非難の件数が増加(increase)している。

④しかし、日本の産業は最近(recently)その他の問題にも直面している。

⑤加速度的に増えている外国製品の輸入(import)は、国内製造業者の頭痛の種である。

⑥多くの産業が生産レベルを減少する(decrease)ように強いられている。

⑦生産レベルの減少は雇用数も制限する(restrict)。

⑧雇用が減少(reduced employment)すると消費支出の減少(reduced consumer spending)を招く。

⑨企業が過去に謳歌した黒字(surpluses)には、ついに終わりがきた。

□ **export** [ikspɔ́ːrt]	動 輸出する 名 [ékspɔːrt] 輸出、輸出品
□ **illegal** [ilíːgəl]	形 非合法の、不法な
□ **increase** [inkríːs]	動 増える、増大する 名 増加、増大
□ **lately** [léitli]	副 最近、近ごろ
□ **recently** [ríːsəntli]	副 つい最近、先ごろ

①**Exports** are an extremely important element for Japanese industries.
②However, exports also give rise to accusations of **illegal** dumping.
③The number of these accusations has been **increasing lately**.
④But Japan's industries are faced with other problems **recently**, too.
⑤The accelerated **import** of foreign produce is a headache for domestic manufacturers.
⑥Many industries have been forced to **decrease** production levels.
⑦Decreases in production levels also **restricts** employment figures.
⑧**Reduced** employment leads to **reduced** consumer spending.
⑨The **surpluses** that companies enjoyed in the past have finally come to an end.

□ **import** [impɔ́ːrt]	動 輸入する 名 [ímpɔːrt] 輸入
□ **decrease** [dikríːs]	動 減少する、減らす 名 減少
□ **restrict** [ristríkt]	動 制限する、禁止する
□ **reduce** [ridjúːs]	動 減らす、小さくする
□ **surplus** [sə́ːrpləs]	名 余り、黒字

18 景気の低迷

①最近多くの業界(industries)が問題をかかえている。
②まだ不景気(depression)に突入したわけではないが、景気はよくない。
③研究や開発(development)にまわせるお金は本当にわずかしかない。
④高い為替(exchange)レートでひどい目にあっている企業が多い。
⑤そして全体構造(structure)の変更を強いられている企業も多い。
⑥生産性を高める(improve)ためにリストラが幅広く実行されている。
⑦今でも原始的な(primitive)手法で操業している企業も多々あるが。
⑧人件費を削減しているが、効果はほとんど(hardly)上がらない。
⑨景気後退がまもなく終わるかどうかを予測する(predict)のは大変難しい。
⑩しかし、旧式の方法で幅をきかしている(prevail)企業は、うまくいかないだろう。

□ **industry** [índəstri]	名 産業、工業
□ **depression** [dipréʃən]	名 不景気、憂鬱、低気圧
□ **development** [divéləpmənt]	名 発達、開発
□ **exchange** [ikstʃéindʒ]	動 交換する、両替する 名 交換、為替、取引所
□ **structure** [strʌ́ktʃər]	名 構造、組織

①A large number of **industries** have suffered problems recently.
②Although we have not yet entered a **depression**, times are hard.
③There is very little money available for research and **development**.
④Many companies are being punished by high **exchange** rates.
⑤And many companies have been forced to revise their overall **structure**.
⑥Restructuring has been widely implemented to **improve** productivity.
⑦Although there are still many companies that operate in **primitive** ways.
⑧They cut down on manpower, but this has **hardly** any effect at all.
⑨It is very difficult to **predict** whether the recession will end soon.
⑩But success will avoid companies that **prevail** in their old ways.

□ **improve** [imprúːv]	動 改良する、進歩させる
□ **primitive** [prímitiv]	形 原始の、根本の
□ **hardly** [háːrdli]	副 ほとんど〜ない
□ **predict** [pridíkt]	動 予言する、予報する
□ **prevail** [privéil]	動 打ち勝つ、広まる

19 不況からの脱却

①日本経済(economy)が不況に陥ってからずいぶん経つ。
②供給(supply)は徐々に増加しているのに、消費は改善しない。
③問題を緩和するために、政府は減税を施行せざるを得ない(obliged to)と考えたことも一時はあった。
④潜在的な需要(potential demand)をどうやって引き出すかが、主な問題なのである。
⑤民間部門の経営陣は、単に市場(market)を拡大する(expand)だけでは生産的ではないと悟った。
⑥その代わり(instead)、個人の要望に答えてユニークな商品を提供することが必要である。
⑦消費者の要求を反映する(reflect)市場調査をもっと推進しなければならない。
⑧市場は暴利をむさぼることに対して非常に敏感(sensitive)なので、企業は誠実であるように見せなければならない。

□ **economy** [ikánəmi]	名 経済、倹約
□ **supply** [səplái]	動 供給する、支給する 名 供給
□ **oblige** [əbláidʒ]	動 強制する、余儀なくさせる
□ **potential** [pəténʃəl]	形 潜在的な、可能性のある 名 潜在能力、可能性
□ **demand** [dimǽnd]	動 要求する、必要とする 名 要求、需要

①It's been a long time since the **economy** of Japan became stagnant.
②Consumption doesn't improve, despite a gradual increase in **supply**.
③The government has felt **obliged** in the past to implement tax cuts to alleviate the problem.
④The main question is how to draw out **potential demand**.
⑤Management in the private sector has realized that simply **expanding** the **market** is non-productive.
⑥**Instead**, they need to respond to individual requirements and offer unique products.
⑦They must initiate more marketing research to **reflect** consumer needs.
⑧The market is very **sensitive** to profiteering, so companies must appear sincere.

□ **expand** [ikspǽnd]	動 膨張する、広げる
□ **market** [mɑ́ːrkit]	名 市場、販路
□ **instead** [instéd]	副 その代わりとして、代わりに
□ **reflect** [riflékt]	動 反射する、熟考する
□ **sensitive** [sénsitiv]	形 敏感な、気にしやすい

20 会社ぐるみ

①ある文書の内容(contents)が明らかにされ、真実が公になった。

②その会社は疑う余地なく(undoubtedly)詐欺に関与していたことが明らかになった。

③さらにその事件の延長(extension)として、インサイダー取引が行なわれていたことも露呈した。

④このスキャンダルが及ぶ範囲(extent)についての真相は目下調査中である。

⑤調べて得た小さな項目(items)の中に、たくさんの手がかりが隠されている(hidden)と考えられている。

⑥そのため、莫大な量(pile)の書類が検察官に押収された。

⑦これらの書類は貴重な(valuable)情報の宝庫であることが判明した。

⑧コンピュータ内部から没収されたデータ(data)からもまた多くのことが明らかになった。

⑨現在の問題点は、有罪判決を得られるかどうか(whether)ではなく、いつ得られるかである。

□ **content** [kántent]	名 内容、目次、満足 形 [kəntént] 満足して
□ **undoubtedly** [ʌ̀ndáutidli]	副 疑う余地なく、明らかに
□ **extension** [iksténʃən]	名 拡張、内線
□ **extent** [ikstént]	名 範囲、程度
□ **hide** [háid]	動 隠す、秘密にする (hide-hid-hidden と変化する)

①The truth was publicized when the **contents** of certain documents were revealed.
②They showed that the company had **undoubtedly** involved itself in deception.
③And in an **extension** to the case, it appears that insider trading was carried out.
④The true **extent** of the scandal is currently under investigation.
⑤Many of the clues are deemed to be **hidden** in small **items** of information.
⑥Owing to this, a huge **pile** of documents was confiscated by the public prosecutor.
⑦These documents proved to be a treasure-trove of **valuable** information.
⑧**Data** confiscated from computer drives was also very revealing.
⑨The problem now is not **whether** a guilty verdict can be obtained, but when.

□ **item** [áitəm]	名 項目、品目
□ **pile** [páil]	名 積み重ね、大金
□ **valuable** [vǽljuəbl]	形 高価な、貴重な　名 貴重品
□ **data** [déitə]	名 データ、資料
□ **whether** [*h*wéðə*r*]	接 〜かどうか

PART 2　学習進捗状況チェック表

No	タイトル	単語		英作文		解釈	
11	部門の効率						
12	在庫管理の刷新						
13	製品の特性						
14	質か量か						
15	消費税						
16	バブルの崩壊						
17	貿易と日本経済						
18	景気の低迷						
19	不況からの脱出						
20	会社ぐるみ						

PART 2「マスター度」チェック

次の3単語が、どのストーリーのどんな文の中に出てきたか、思い出してください。3単語とも思い出せた方は、見事にPART 2をマスターしておられます。

① quality　② luxury　③ commercial

⇨答えは、それぞれ次のページでお確かめください。
①49ページ　②51ページ　③53ページ

PART 3

ビジネス

*

21 2通りの人物評価

22 人事採用

23 仕事のやりがい

24 部下と上司の会話

25 逃した契約

26 失敗と成功

27 リスク・マネージメント

28 判断力

29 困難にどう対処するか

30 保険の契約をめぐる会話

21　2通りの人物評価

①S自動車総支配人のブラウン氏が、昨日東京駅をぶらぶら(casually)歩いているのを見かけた。
②こうした偶然の出会い(encounters)のおかげで人生は面白くなる。
③彼は経営に精通している(have an intimate knowledge)と言われている。
④それに、とても信頼に足る(reliable)人物だと聞いている。
⑤彼の協力(cooperation)をいつでも当てにできる。
⑥彼と初めて知り合った(make his acquaintance)のは数年前の販売会議でだった。
⑦彼は自動車産業に関して(relative to)幅広い経験がある。
⑧私は、その点については同意し(agree)かねる。
⑨彼の正直さは評価する(approve of)が、能力には疑いを抱いている。
⑩噂だけで個人の(individual)能力は判断できない。

□ **casually** [kǽʒuəli]	副 偶然に、ふと、気軽に
□ **encounter** [inkáuntər]	名 出会い、遭遇　動 偶然会う
□ **intimate** [íntimit]	形 親密な、詳細な
□ **reliable** [riláiəbl]	形 信頼できる、確かな
□ **cooperation** [kouὰpəréiʃən]	名 協力、協同

①I saw Mr. Brown, the general manager of S Motors, walking **casually** through Tokyo Station yesterday.
②It is **encounters** like this that make life interesting.
③He's said to have an **intimate** knowledge of management.
④I hear he's a very **reliable** person, too.
⑤You can always rely on his **cooperation**.
⑥I first made his **acquaintance** several years ago during a sales meeting.
⑦He has a wide amount of experience **relative** to the motor industry.
⑧I don't **agree** on that point.
⑨I **approve** of his honesty, but I doubt his capability.
⑩You can't judge an **individual's** ability based on rumors.

□ **acquaintance** [əkwéintəns]	名 知り合い、面識
□ **relative** [rélətiv]	形 相対的な、関係のある 名 親族、関係詞
□ **agree** [əgríː]	動 同意する、意見が一致する
□ **approve** [əprúːv]	動 認める、同意する
□ **individual** [ìndivídʒuəl]	形 個々の、個人の　名 個人、個体

22 人事採用

①今までのあなたの経歴(career)についてお尋ねしたいのですが。

②学歴(academic background)及び職歴をこの用紙にご記入ください。

③質問は露骨(crude)に思われるかもしれませんが、大変重要なものです。

④あなたの給与を客観的に概算するために、この情報を把握することがどうしても必要なのです(essential)。

⑤我々が学歴を偏重し(favor)ないことを知って、ほっとされることでしょう。

⑥仕事に対するあなたの姿勢(attitude)に、より興味があるのです。

⑦やる気や直感力も重要ではないなどというふりをする(pretend)つもりはありませんが。

⑧あなたの全般的な仕事ぶり(conduct at work)もモニターされるでしょう。

⑨そして、お客様に対する接客のやり方(the way you behave)が評価時の重要な要素になるでしょう。

⑩とは言え、熱意のある働き手を不合格にした(reject)ことはないので安心してください。

□ **career** [kəríər]	名 経歴、生涯
□ **background** [bǽkgràund]	名 背景、経歴
□ **crude** [krúːd]	形 天然のままの、粗野な
□ **essential** [isénʃəl]	形 本質の、欠くことのできない 名 本質的要素
□ **favor** [féivər]	名 親切な行為、えこひいき 動 賛成する、ひいきする

①We'd like to ask you about your **career** up until now.
②Please fill in this form with your academic **background** and occupational experience.
③The questions may seem **crude**, but they are very important.
④It is **essential** that we have this information so we can estimate your salary objectively.
⑤You will be relieved to know that we do not **favor** educational backgrounds.
⑥We are more interested in your **attitude** toward work.
⑦Although I will not **pretend** that motivation and intuition are not also important.
⑧Your overall **conduct** at work will also be monitored.
⑨And the way you **behave** toward clients will be an important factor in your appraisal.
⑩But you may rest assured that we have never **rejected** enthusiastic workers.

□ **attitude** [ǽtitjùːd]	名 態度、姿勢、意見
□ **pretend** [priténd]	動 ～のふりをする、主張する
□ **conduct** [kάndʌkt]	名 行為、管理　動 [kəndʌ́kt] 導く、指揮する
□ **behave** [bihéiv]	動 ふるまう、行儀よくする
□ **reject** [ridʒékt]	動 拒絶する、断る

23 仕事のやりがい

①これもあなたの職務(duties)のひとつなのですか。

②こんなに沢山のつまらない仕事ばかりで、さぞ飽き飽きする(get bored)でしょう。

③残念ながら、大半の仕事は決まりきった(routine)作業しか必要としません。

④私は仕事から使命(mission)感を感じたいのです。

⑤組織の中で重要な役割(role)を担いたい。

⑥やりがいがある仕事をやりとげ(accomplish)たいと思う私は、愚かでしょう。

⑦私の上司は現在の任務を果たして(fulfill)から、そういうことは考えるようにと言いました。

⑧私は任されたどんな仕事も決しておろそかにして(neglect)きませんでした。

⑨この会社で働く女子社員は昇進の見込み(promise)はないということが、今になってわかりました。

⑩ここでは、文句も言わずに上司に従う(obey)きれいな若い女性だけがよく思われるのです。

□ **duty** [djú:ti]	名 義務、税、職務
□ **bore** [bɔ́:r]	動 退屈させる、(穴を)あける 名 退屈なこと、穴
□ **routine** [ru:tí:n]	名 日課、慣例　形 日常の
□ **mission** [míʃən]	名 使節、使命
□ **role** [róul]	名 役、役割、任務

①Is this one of your **duties**, too?
②You must get **bored** with so many menial tasks.
③Unfortunately, the majority of jobs demand only **routine** work.
④I want to feel a sense of **mission** from my work.
⑤I want to play an important **role** in the organization.
⑥Is it stupid of me to hope to **accomplish** something challenging?
⑦My boss suggested that I think of that after I have **fulfilled** my present duties.
⑧I've never **neglected** any tasks entrusted to me.
⑨Now I realize that female workers in this office don't have the **promise** of promotion.
⑩Here, only pretty young girls who **obey** their bosses without complaining are highly thought of.

□ **accomplish** [əkάmpliʃ]	動 成し遂げる、成就する
□ **fulfill** [fulfíl]	動 実行する、果たす、満たす
□ **neglect** [niglékt]	動 無視する、怠る
□ **promise** [prάmis]	名 約束、見込み　動 約束する
□ **obey** [oubéi]	動 従う、守る

24 部下と上司の会話

①やっかいな(uncomfortable)状況に直面しています。
②もうちょっと詳しく説明して(explain)くれたまえ。
③君の報告からは問題の本質(essence)が見えてこない。
④君が持っている情報は、誤解を招いているのではないだろうか(I suspect)。
⑤問題の原因(cause)だと言われていることが、結論と論理的につながらない。
⑥まずは情報の出所(source)を吟味すべきだろう。
⑦事柄をもう少し綿密に調べる(examine)必要がある。
⑧つじつまが合わない要因(factors)を正確に指摘するのに、それが役に立つだろう。
⑨情報を分析することが、仕事を進める上で最も重要な要素(element)なのだ。
⑩誤った情報を基にあわてて決断を下すと、失敗に終わる(succeed in failure)だけだ。

□ **uncomfortable** [ʌ̀nkʌ́mfərtəbl]	形 心地よくない、落ち着かない
□ **explain** [ikspléin]	動 説明する、明らかにする
□ **essence** [ésəns]	名 本質、真髄
□ **suspect** [səspékt]	動 疑いをかける、怪しいと思う
□ **cause** [kɔ́ːz]	名 原因、根拠　動 引き起こす

①We are faced with an **uncomfortable** situation.
②Could you please **explain** yourself in more detail?
③I can't see the **essence** of the problem from your report.
④I **suspect** the information you have is misleading.
⑤The alleged **cause** of the problem does not logically match the end result.
⑥First of all, we should check the **source** of information.
⑦We need to **examine** the matter more closely.
⑧That will help us pinpoint the **factors** that do not match up.
⑨Analyzing information is the most important **element** in conducting business.
⑩Making hurried decisions based on faulty data will only **succeed** in failure.

□ **source** [sɔ́ːrs]	名 源、出所
□ **examine** [igzǽmin]	動 調査する、検査する
□ **factor** [fǽktər]	名 要因、要素、因数
□ **element** [éləmənt]	名 要素、元素、成分
□ **succeed** [səksíːd]	動 成功する、継承する、あとに来る

25 逃した契約

①先方からもらった返答(reply)は、うちのライバル会社に契約を与えたという内容だった。
②この事態がいろいろな問題を引き起こすにせよ、我々は敗北を認め(acknowledge)ざるをえない。
③もはやいかなる弁解(excuses)もできない。
④この結果(consequences)を受け入れなくてはならない。
⑤最終的な結果(outcome)として、非常に大切な顧客を失ったのだ。
⑥にもかかわらず、当初の予想に反して(contrary to)我々は今四半期はかなり頑張った。
⑦もっとも、今年度全体の最終(final)売り上げ高はまだまとまっていないが。
⑧この契約を失ったことにより、長期的にはマイナスの結果(result)になるかもしれない。
⑨失地回復のための適切な行動を考え(consider)始めるべきだ。
⑩敗北に直面し、我々が回復策を講ずるのを会社が期待している(expect)ことを決して忘れてはならない。

□ **reply** [riplái]	動 返事をする、返答する 名 返事、返答
□ **acknowledge** [əknálidʒ]	動 認める、感謝する
□ **excuse** [ikskjú:z]	動 許す、～の言い訳をする 名 言い訳
□ **consequence** [kánsəkwèns]	名 結果、重要性
□ **outcome** [áutkʌ̀m]	名 結果、成果

①Their **reply** stated that they have awarded the contract to a rival company.
②Despite the problems this creates, we must **acknowledge** defeat.
③We can no longer make any **excuses**.
④We have to accept the **consequences**.
⑤In the final **outcome**, we have lost a very important client.
⑥Nevertheless, **contrary** to our first expectations, we did quite well this quarter.
⑦But the **final** sales figures for the entire year are not yet available.
⑧Losing this contract may therefore have a negative **result** in the long term.
⑨We should begin to **consider** the appropriate action for recovery.
⑩We must never forget that the company **expects** us to initiate recovery management in the face of defeat.

□ **contrary** [kántreri]	形 反対の、逆の
□ **final** [fáinəl]	形 最後の、決定的な
□ **result** [rizʌ́lt]	名 結果、成績　動 結果として～になる
□ **consider** [kənsídər]	動 考慮に入れる、～とみなす
□ **expect** [ikspékt]	動 予期する、期待する

26 失敗と成功

①人生には何事にも目的(purpose)が必要である。
②目標(aim)のない人生は私たちを消極的にさせがちで、人生に対する情熱を冷ます。
③目標を達成できる可能性を求めて、すべての計画(schemes)は検討されなければならない。
④いかなる決断も、単なる噂ではなく、具体的な(concrete)情報を基に下さなければならない。
⑤やる気(motivation)を高いレベルに保つには、忍耐も大事である。
⑥想像力(imagination)を働かせ、成功した自分の姿を思い浮かべてみたまえ。
⑦しくじったことに気を取られすぎると、えてして失敗して(fail)しまう。
⑧すべての問題に対して前向き(positive)に取り組むと、失敗するチャンスは減るだろう。
⑨そして、いったんゴールになんとかたどり着く(manage to achieve)と、すでに次の挑戦に立ち向かう準備ができているものだ。

□ **purpose** [pə́ːrpəs]	名 目的、意図
□ **aim** [éim]	名 ねらい、目標　動 ねらう、意図する
□ **scheme** [skíːm]	名 計画、仕組み
□ **concrete** [kɑ́nkriːt]	形 具体的な、現実の　名 コンクリート
□ **motivation** [mòutivéiʃən]	名 動機づけ、刺激

①We need a **purpose** in all we do in life.
②Life without an **aim** tends to make us passive and dilutes our zest for life.
③All **schemes** must be examined for their potential of leading us to our goal.
④All decisions must be based on **concrete** information, not mere rumors.
⑤Endurance is also important to maintain high levels of **motivation**.
⑥Stretch your **imagination** and picture yourself as a success.
⑦If you concentrate too much on failure, then the chances are you will **fail**.
⑧A **positive** approach to all problems will reduce the chances of failure.
⑨And, once you have **managed** to **achieve** one goal, you are ready for the next challenge.

□ **imagination** [imæ̀dʒinéiʃən]	名 想像(力)、空想
□ **fail** [féil]	動 失敗する
□ **positive** [pɑ́zitiv]	形 積極的な、明確な
□ **manage** [mǽnidʒ]	動 取り扱う、管理する、何とかやり遂げる
□ **achieve** [ətʃíːv]	動 成し遂げる、完成する

27 リスク・マネージメント

①リスク・マネージメント(risk management)とは、被害(damage)を最小限にするために、あらゆる問題に備えようとするものである。
②自分自身を守る(protect)ことを教えるのを目的とした書物はとても人気がある。
③最高レベルの技術をも凌駕(りょうが)する(defeat)犯罪が年々増えている。
④危険を根絶することは不可能であるが、少なくとも減らす(diminish)ことはできる。
⑤このためには、我々ひとりひとりがすべての種類の危険に対して備えていることが必要である(require)。
⑥備えることによって、しばしば損害(injury)と安全という違いを生み出す。
⑦そして、備えが十分であると自覚することにより安心(relief)もできる。
⑧自分を守る(defend)術を身につけていることはとても大事である。
⑨護身術のような、体を使う(physical)方法も必要かもしれない。

□ **risk** [rísk]	名 危険、冒険　動 危険にさらす
□ **damage** [dǽmidʒ]	名 損害、損傷、損害賠償 動 損害を与える
□ **protect** [prətékt]	動 保護する、守る
□ **defeat** [difíːt]	動 打ち破る、くじく　名 敗北、挫折
□ **diminish** [dimíniʃ]	動 減らす、小さくなる

①**Risk** management means to be prepared for all problems to minimize **damage**.
②Books aimed at teaching people to **protect** themselves are very popular.
③Crimes that **defeat** even the highest levels of technology are increasing annually.
④Although it is impossible to eradicate danger, we can at least **diminish** it.
⑤This **requires** every one of us to be prepared for all types of danger.
⑥Being prepared often makes the difference between **injury** and safety.
⑦And knowing that you are fully prepared also provides **relief**.
⑧Learning how to **defend** yourself is very important.
⑨**Physical** methods, such as the art of self-defense, may also be necessary.

□ **require** [rikwáiər]	動 必要とする、要求する
□ **injury** [índʒəri]	名 傷害、損害
□ **relief** [rilíːf]	名 救済、軽減、安堵
□ **defend** [difénd]	動 守る、弁護する
□ **physical** [fízikəl]	形 身体の、物質的な

28　判断力

①状況(circumstances)をその場で判断し、それに従って行動することが往々にして必要になる。
②すべての条件(conditions)がみんなに都合がよい(convenient)かということも確認しなければならない。
③これは普通の従業員はめったに(rarely)頭を痛めない、標準的な(standard)問題であるが。
④この能力は訓練では習得されず、生まれつきの才能であると、おそらく(probably)多くの人は考えるだろう。
⑤しかし、このような能力はしばしば(frequently)訓練によって習得されるものなのだ。
⑥間違った判断が下される場合(occasions)もある。
⑦おまけに絶好の好機(opportunities)を逃してしまう場合もある。
⑧しかし、重要なことは、自分で設定した目標に忠実であり続ける(remain)ことである。

□ **circumstance** [sə́ːrkəmstæ̀ns]	名 事情、環境
□ **condition** [kəndíʃən]	名 状態、条件
□ **convenient** [kənvíːniənt]	形 便利な、都合のよい
□ **standard** [stǽndərd]	名 標準　形 標準の
□ **rarely** [réərli]	副 めったに〜ない

①We often need to judge **circumstances** on the spot and act accordingly.
②We must also make sure that all **conditions** are **convenient** for everybody.
③Although this is a **standard** problem that **rarely** bothers average workers.
④**Probably** many people think that this ability is not gained by training, but is a natural gift.
⑤Such abilities, however, are **frequently** acquired by training.
⑥There are **occasions** where the wrong decision is made.
⑦And there are occasions where great **opportunities** are missed.
⑧But the important thing is to **remain** loyal to the target you have set yourself.

□ **probably** [prɑ́bəbli]	副 たぶん、十中八九
□ **frequently** [fríːkwəntli]	副 しばしば、たびたび
□ **occasion** [əkéiʒən]	名 機会、場合
□ **opportunity** [ɑ̀pərtjúːniti]	名 機会、好機
□ **remain** [riméin]	動 残る、依然として～である

29 困難にどう対処するか

①何か困難(embarrassment)に直面した時、どういう行動をとるか。

②その状況に勇気(courage)を持って立ち向かうか。

③それとも単にそれを受け入れるのを拒否する(refuse)か。

④困難に直面した時の対処の仕方は、その人の人格について実に(indeed)多くを語っている。

⑤自分を悩ませる(bother)事柄を容認すると、ストレスはつのる。

⑥困難はイライラするものだが、さほど深刻な(severe)問題ではない。

⑦たいした失敗ではないと思うよう努める(endeavor)なら、人生はもっと気楽なものになる。

⑧つまらない出来事で心の平穏を乱れさせて(interrupt)はいけない。

⑨もし物事を笑い飛ばす努力(effort)をすれば、長い人生はもっと幸せになるだろう。

⑩その経験は価値あるものだったと自分を納得させ(convince oneself)るのだ。そうすれば何事もうまくいく。

□ **embarrassment** [imbǽrəsmənt]	名 困惑、厄介なこと〔人〕
□ **courage** [kə́ːridʒ]	名 勇気、度胸
□ **refuse** [rifjúːz]	動 拒絶する、断る
□ **indeed** [indíːd]	副 本当に、実は
□ **bother** [bɑ́ðər]	動 悩ます、迷惑をかける 名 面倒なこと〔人〕

①What actions do you take when confronted with **embarrassment**?
②Do you face the situation with **courage**?
③Or do you simply **refuse** to acknowledge it?
④The way you face up to embarrassment says a lot **indeed** about your personality.
⑤If you allow such things to **bother** you, stress is likely to build up.
⑥Embarrassment is irritating, but it is not a **severe** problem.
⑦If you **endeavor** to treat it as a minor step-back, then life becomes more relaxed.
⑧You should never let insignificant incidents **interrupt** your peace of mind.
⑨If you make the **effort** to laugh things off, you will be happier in the long run.
⑩**Convince** yourself that the experience was valuable, and everything will seem fine.

□ **severe** [sivíər]	形 厳しい、厳格な
□ **endeavor** [indévər]	名 努力、試み　動 努める
□ **interrupt** [ìntərʌ́pt]	動 さえぎる　名 中断
□ **effort** [éfərt]	名 努力、骨折り
□ **convince** [kənvíns]	動 確信させる、納得させる

30 保険の契約をめぐる会話

①あなたはこの保険(insurance)証券の補償範囲の条件に納得していましたか。

②いいえ。細かい文字のところは読まずに、広告(advertisement)に基づいてサインしました。

③私みたいな門外漢は、契約書で使われている法律用語(legal terms)を見るだけで混乱してしまいます。

④まず契約(contract)内容を理解しておくことが重要です。

⑤十分に説明しないであなたに契約書にサインするように強いるのは、合法的(legal)ではありません。

⑥もしあなたが詳細を十分に理解していなければ、いかなる保険証券の有用性(utility)も無効になります。

⑦条件を最後まで読めば、条件の多くが不合理(irrational)であることがわかります。

⑧あなたは50歳に手が届く(approach)のですから、この医療保険はあなたには向いていません。

⑨あなたの年齢層にピッタリ合う保険を私に用意(arrange)させてもらえませんか。

⑩これよりはるかに良いものをお見立てできることを保証します(assure)。

□ **insurance** [inʃúərəns]	名 保険、予防対策
□ **advertisement** [æ̀dvərtáizmənt]	名 広告、宣伝
□ **term** [tə́ːrm]	名 期間、条件、用語
□ **contract** [kántrækt]	名 契約(書)　動 契約を結ぶ
□ **legal** [líːgəl]	形 法律の、合法の

①Were you fully aware of the coverage conditions of this **insurance** policy?

②No. I signed the contract without reading the small print, based on the **advertisement**.

③Laymen like myself are easily confused by the legal **terms** used in contracts.

④It is very important to understand the substance of the **contract** first.

⑤It is not **legal** for them to force you to sign a contract without a full explanation.

⑥The **utility** of any policy is invalidated if you don't fully understand the details.

⑦If you read through the conditions, you will see that many are **irrational**.

⑧You are **approaching** fifty, so this medical insurance is not suitable for you.

⑨Why don't you let me **arrange** a policy that perfectly suits your age-bracket?

⑩I **assure** you that I can find something much better than this.

□ **utility** [juːtíliti]	名 実用性、公共事業
□ **irrational** [irǽʃənəl]	形 不合理な、理性のない
□ **approach** [əpróutʃ]	動 近づく、接近する　名 接近
□ **arrange** [əréindʒ]	動 整える、取り決める
□ **assure** [əʃúər]	動 保証する、確信させる

PART 3　学習進捗状況チェック表

No	タイトル	単語		英作文		解釈	
21	2通りの人物評価						
22	人事採用						
23	仕事のやりがい						
24	部下と上司の会話						
25	逃がした契約						
26	失敗と成功						
27	リスク・マネージメント						
28	判断力						
29	困難にどう対処するか						
30	保険の契約をめぐる会話						

PART 3「マスター度」チェック

次の3単語が、どのストーリーの、どんな文の中に出てきたか、思い出してください。3単語とも思い出せた方は、見事にPART 3をマスターしておられます。

① background　② physical　③ contract

⇨答えは、それぞれ次のページでお確かめください。
①67ページ　②77ページ　③83ページ

PART 4

政治

*

31 民主主義と議会

32 大統領と野党の関係

33 州と連邦

34 国際会議のテーマ

35 戦争の終結

36 軍隊と日本

37 憲法改正

38 市民権

39 裁判と判決

40 無罪か有罪か

31 民主主義と議会

①民主主義(democracy)はさまざまな形態で制定されているひとつの概念である。
②アメリカでは立法組織が「議会」(Congress)として知られている。
③イギリスでは立法組織が「議会」(Parliament)として知られている。
④日本は議院内閣制を採用して(adopt)いる。
⑤この制度では国民は指導者にではなく、党に投票する(vote)。
⑥それから候補者(candidates)の中から総理大臣が選出される。
⑦アメリカでは大統領は(政党ではなく)人々によって直接選ばれる(be elected)。
⑧このほうがより民主的な方法だと主張する(insist)人もいる。
⑨議会制度の仕組みは紛らわし(confusing)すぎると主張する。
⑩それでも民主主義は民主主義であり、これはマイナーな(minor)問題とみなされている。

□ **democracy** [dimɑ́krəsi]	名 民主主義、民主国家
□ **congress** [kɑ́ŋgrəs]	名 会議、議会
□ **parliament** [pɑ́ːrləmənt]	名 議会、(英国などの)国会
□ **adopt** [ədɑ́pt]	動 採用する、養子にする
□ **vote** [vóut]	動 投票する、票決する　名 投票、選挙権

①**Democracy** is a single concept enacted in different forms.

②In the USA, the rule-making body is known as "**Congress**."

③In the United Kingdom, the rule-making body is known as "**Parliament**."

④Japan has **adopted** the parliamentary cabinet system.

⑤In this system, the people **vote** for a party, not its leader.

⑥The Prime Minister is then selected from among the **candidates**.

⑦In the USA, the President is **elected** directly by the people.

⑧Some people **insist** that this is the more democratic way.

⑨They claim that the mechanisms of the parliamentary system are too **confusing**.

⑩But democracy is democracy, and this is deemed to be a **minor** problem.

□ **candidate** [kǽndidèit]	名 候補者、志願者
□ **elect** [ilékt]	動 選ぶ、選挙する
□ **insist** [insíst]	動 主張する、要求する、固執する
□ **confuse** [kənfjúːz]	動 混乱させる、混同する (confusing で) 困惑させる
□ **minor** [máinə*r*]	形 小さいほうの、未成年の、二流の

32 大統領と野党の関係

①その共和国(republic)の選挙は、4年に1度行なわれる。
②多くの場合、現職の大統領(president)が再選される。
③しかしながら、各省長官(secretaries)や他の党員によるスキャンダルが問題を引き起こすことがある。
④このような場合は、野党が大統領の辞任を提案する(propose)。
⑤政権の交代は、大使(ambassadors)をも含む大規模な人事異動を引き起こす。
⑥新しい大使は赴任先の国としっかりとした関係を築く(establish)よう命ぜられる。
⑦そして、新任の大臣たち(ministers)は自分の実力を早急に証明して見せなくてはならない。
⑧政府の力量が認められる(be recognized)状態を確保するために、これは不可欠である。
⑨従って、政府にとってスキャンダルに対する防備を固める(guard)ことは極めて必要である。
⑩この理由のために、スキャンダルに無縁そうな人を任命する(appoint)のである。

□ **republic** [ripʌ́blik]	名 共和国
□ **president** [prézidənt]	名 大統領、社長、学長
□ **secretary** [sékrətèri]	名 秘書、大臣、長官
□ **propose** [prəpóuz]	動 提案する、結婚を申し込む
□ **ambassador** [æmbǽsədər]	名 大使、使節

①Elections in the **republic** are held once every four years.
②The incumbent **president** is, in many cases, reelected.
③However, scandals by **secretaries** or any other party member can cause problems.
④In these situations, the opposition party **proposes** that the president steps down.
⑤A change in government causes huge reshuffles, even for **ambassadors**.
⑥New ambassadors are required to **establish** firm relations with their host country.
⑦And new **ministers** must prove their ability very quickly.
⑧This is vital to ensure that the power of the government is **recognized**.
⑨It is therefore extremely necessary for governments to **guard** against scandals.
⑩It is for this reason that they **appoint** people who appear scandal-free.

□ **establish** [istǽbliʃ]	動 設立する、確立する
□ **minister** [mínistə*r*]	名 大臣、公使
□ **recognize** [rékəgnàiz]	動 認める、わかる
□ **guard** [gɑ́ː*r*d]	動 見張る、守る　名 監視(者)、警戒
□ **appoint** [əpɔ́int]	動 指名する、指定する

33 州と連邦

①アメリカ合衆国は、各州が独自の行政(administration)を持つ連邦(federal)制によって運営されている。
②これは各州が独自の政策(policies)を制定することを可能にする。
③これらの政策は州知事が承認した後、スタートされる(be launched)。
④中央政府(government)によって制定された法律も、各州で施行されなければならない。
⑤場合によっては、ある法律が州法なのか連邦法なのかが明白(obvious)でないことがある。
⑥大きな組織(organizations)は、法律から逸脱することがないよう、弁護士を雇っているところが多い。
⑦こうした弁護士たちは、不利益になると考えられる新しい法律に反対する(oppose)ためにも雇われている。
⑧弁護士は法廷で小さな条項の合法性をめぐって論争する(argue)。
⑨新しい法律を作る際、ビジネスはアメリカの政治(politics)において大きな役割を演じる。

□ **federal** [fédərəl]	形 連邦の、連合の
□ **administration** [ədmìnistréiʃən]	名 行政、経営
□ **policy** [pɑ́lisi]	名 政策、方針
□ **launch** [lɔ́:ntʃ]	動 進水させる、始める
□ **government** [gʌ́vərnmənt]	名 政府、政治

①The USA operates on a **federal** system in which each state has its own **administration**.
②This enables each state to enact its own **policies**.
③These policies are **launched** after they have been approved by the state governor.
④Laws enacted by the central **government** must also be enforced by each state.
⑤In some cases, it is not **obvious** whether a law is a state law or a federal law.
⑥Many large **organizations** employ lawyers to keep them within the law.
⑦These lawyers are also used to **oppose** any new laws that are deemed detrimental.
⑧The lawyers **argue** the legality of small clauses in courts of law.
⑨Business plays a large role in the **politics** of the USA when it comes to new laws.

□ **obvious** [ábviəs]	形 明らかな、明白な
□ **organization** [ɔ̀ːrgənizéiʃən]	名 組織、機構
□ **oppose** [əpóuz]	動 対抗する、反抗する
□ **argue** [áːrgjuː]	動 論争する、主張する
□ **politics** [pálitìks]	名 政治、政治学

34 国際会議のテーマ

①世界情勢の概要(summary)報告書が毎年発行される。
②核(nuclear)軍縮が、中心的な(central)問題である。
③この問題(problem)を論議するために、国際会議が定期的に開かれる。
④この会議の主な焦点(focus)は、軍縮に的が絞られている。
⑤しかし、世界の指導者たちの注目が必要なテーマ(themes)は他にもたくさんある。
⑥途上国の中には、環境問題に集中する(concentrate)ことを快しとしない国もある。
⑦自分たちの産業発展から外れた問題は、途上国が取り組んでほしくない議題(subjects)なのだ。
⑧しかし、地球上の(global)すべての問題は、手遅れになる前に恒久的な(permanent)解決を見つけなければならない。

□ **summary** [sʌ́məri]	名 要約、概要
□ **nuclear** [njúːkliər]	形 核の、原子力の
□ **central** [séntrəl]	形 中心の、主要な
□ **problem** [prɑ́bləm]	名 問題、課題
□ **focus** [fóukəs]	名 焦点、中心　動 焦点を合わせる

①A **summary** report of world affairs is issued every year.
②**Nuclear** disarmament is a **central** issue.
③International conferences are regularly held to discuss this **problem**.
④The main **focus** of these conferences is aimed at disarmament.
⑤But there are many other **themes** that demand the attention of the world's leaders.
⑥Some developing countries are not willing to **concentrate** upon environmental problem.
⑦Problems that detract from their own industrial development are not **subjects** they wish to face.
⑧However, **permanent** solutions for all **global** problems must be found before it is too late.

□ **theme** [θíːm]	名 主題、テーマ
□ **concentrate** [kɑ́nsəntrèit]	動 集中する、集まる
□ **subject** [sʌ́bdʒikt]	名 話題、学科、主語 形 従属している、左右される
□ **permanent** [pə́ːrmənənt]	形 永久的な、常設の
□ **global** [glóubəl]	形 地球上の、世界的な

35 戦争の終結

①彼らは戦争で早々に勝利(victory)宣言をした。
②彼らの勝利は近代技術の功績(triumph)だと彼らは主張した。
③にもかかわらず、局地的な戦闘(battles)はまだ国中で激しく続いていた。
④ある地域では、臨時政府が暴動を取り締まる(control)のに苦労していた。
⑤いつこの戦争が終わる(cease)か、誰にもわからなかった。
⑥国連軍は、いまだに時々戦闘に巻き込まれていた(be involved)。
⑦多くの国が、国連軍が占領軍(occupation army)になるのではないかと心配した。
⑧同盟軍と提携した(associate)数か国は、軍隊を撤退させろという圧力を受けていた。
⑨彼らは、疑わしい情報に誤って導か(mislead)れて、同盟に参加させられたと信じていた。
⑩回教徒の多くは、占領は彼らを征服する(conquer)ための作戦だと考えた。

□ **victory** [víktəri]	名 勝利、優勝
□ **triumph** [tráiʌmf]	名 勝利、功績　動 圧勝する
□ **battle** [bǽtl]	名 戦闘、(局地的な)戦争
□ **control** [kəntróul]	動 支配する、抑制する　名 支配、統制
□ **cease** [síːs]	動 やめる、終わる　名 終止

①They declared **victory** very early in the war.
②They claimed that their victory was a **triumph** for modern technology.
③Despite this, regional **battles** still raged throughout the country.
④In one area, the transitional government was having trouble **controlling** uprisings.
⑤No one knew when this war would **cease**.
⑥The United Nations forces were still sometimes **involved** in battles.
⑦A lot of countries were afraid that they would become an occupation **army**.
⑧Several countries **associated** with the Allied Forces were facing pressure to pull out.
⑨They believed that doubtful information had **misled** them into joining the coalition.
⑩Many Muslims considered the occupation as a plan to **conquer** them.

□ **involve** [inválv]	動 巻き込む、熱中させる
□ **army** [ɑ́ːrmi]	名 軍隊、陸軍
□ **associate** [əsóuʃièit]	動 連想する、提携する
□ **mislead** [mislíːd]	動 誤って導く、誤解させる
□ **conquer** [kɑ́ŋkər]	動 征服する、克服する

36 軍隊と日本

①日本は正規の軍(military force)隊を保有しない点で特異である。
②日本は原子(atomic)爆弾が使われた最初で最後の国でもある。
③日本は武器(weapons)の製造や輸出を許可していない。
④かつて日本では兵役が義務(compulsory)であった。
⑤兵役はほとんどすべての健康な成人男子に強制されていた(be enforced)。
⑥残りの人々はひどい苦難に耐えることを強いられていた(be forced)。
⑦食料不足のため、物資が配給された(be distributed)。
⑧軍隊での規律(discipline)はとても厳しかった。
⑨上官からの命令(commands)は絶対であった。
⑩戦争で殺された兵隊(soldiers)と罪の無い人々のことを決して忘れてはならない。

□ **military** [mílitèri]	形 軍隊の、陸軍の　名 軍隊
□ **atomic** [ətámik]	形 原子の、原子力の
□ **weapon** [wépən]	名 武器、凶器、兵器
□ **compulsory** [kəmpʌ́lsəri]	形 強制的な、義務的な
□ **enforce** [infɔ́ːrs]	動 実施する、強要する

①Japan is unusual in that it doesn't maintain a regular **military** force.
②Japan is also the first and last country on which **atomic** bombs were used.
③Japan does not permit the manufacture or export of **weapons**.
④Military service was once **compulsory** in Japan.
⑤Military service was **enforced** on nearly all healthy adult males.
⑥The rest of the population were **forced** to endure terrible hardships.
⑦Supplies were **distributed** owing to a lack of food.
⑧**Discipline** in the military was very severe.
⑨The **commands** from superior officers were absolute.
⑩We should never forget the **soldiers** and innocent people killed in the war.

□ **force** [fɔ́ːrs]	名 力、影響力　動 強制する
□ **distribute** [distríbjuːt]	動 分配する、配布する
□ **discipline** [dísiplin]	名 規律、訓練
□ **command** [kəmǽnd]	動 命令する、指揮する　名 命令、指揮
□ **soldier** [sóuldʒər]	名 軍人、兵士

37 憲法改正

①憲法(constitution)は国民に自由を与える文書である。
②憲法は個人と、公的部門と民間(private)部門における法人を保護する。
③政府は憲法の制限の範囲内で職務を行なうように義務づけられている(be bound to)。
④憲法に述べられている(stated)条項はすべての人に拘束力がある。
⑤しかしながら、最近は憲法改正の提案が公に(public)されている。
⑥これらの修正案は、自衛隊を一定の制約から解放する(release)だろう。
⑦いかなる逆(adverse)効果もなしにこれを達成できるかが問題である。
⑧将来は、日本からの軍事援助(aid)に頼る(depend on)国がたくさん出るであろう。
⑨しかし、憲法改正は多くの国際条約(treaties)の改正をも意味するだろう。

□ **constitution** [kὰnstitjú:ʃən]	名 憲法、体質
□ **private** [práivit]	形 私的な、私立の、民間の
□ **bind** [báind]	動 縛る、結ぶ、義務づける
□ **state** [stéit]	名 状態、国家、州、地位 動 述べる
□ **public** [pʌ́blik]	形 公の、公衆の 名 公衆

①The **constitution** is a document that provides people with freedom.

②It protects individuals, and corporations in the public and **private** sectors.

③The government is **bound** to work within the restraints of the constitution.

④The articles **stated** within it are binding on everybody.

⑤Recently, however, proposals for amending the constitution are being made **public**.

⑥These amendments will **release** the Self Defense Forces from certain restrictions.

⑦The problem is to achieve this without any **adverse** effects.

⑧In the future, there will be many nations that **depend** on military **aid** from Japan.

⑨But amending the constitution will also mean revising many international **treaties**.

□ **release** [rilíːs]	動 解放する、公表する
□ **adverse** [ædvə́ːrs]	形 批判的な、逆の、反対の
□ **depend** [dipénd]	動 頼る、〜次第である
□ **aid** [éid]	動 手伝う、促進する 名 援助
□ **treaty** [tríːti]	名 条約、協定

38 市民権

①年を取れば取るほど、もっと自由(liberty)が欲しくなる。
②大人の社会に入った後、我々はみな野心的(ambitious)になる。
③そして成年になると、市民権(civil rights)を誇らしく思う。
④我々は両親からの独立(independence)を宣言したくなる。
⑤両親に一切干渉して(interfere)ほしくないのだ。
⑥自分は自立した大人だ、と叫ぶ(exclaim)。
⑦そして我々の中には完璧な別離を希望し、海外に移住する(emigrate)者もいる。
⑧しかし、自立と依存のはざまでもがき苦しむ(struggle)若者は多い。
⑨干渉という考えは障害(obstacle)のように見えるかもしれないが、実は保護する行為なのである。

□ **liberty** [líbərti]	名 自由、解放、気まま
□ **ambitious** [æmbíʃəs]	形 野心ある、熱望する
□ **civil** [sívəl]	形 市民の、民間人の、丁寧な
□ **right** [ráit]	名 権利、正しいこと、右
	形 正当な、右の
□ **independence** [ìndipéndəns]	名 独立、自立

①The older we get, the more **liberty** we demand.
②We are all **ambitious** after entering the society of adulthood.
③And as we become of age, we are proud of our **civil rights**.
④We want to declare our **independence** from our parents.
⑤We don't want our parents to **interfere** with us at all.
⑥We **exclaim** that we are independent adults!
⑦And some of us want total separation and **emigrate** abroad.
⑧However, a lot of young people **struggle** between independence and dependence.
⑨The concept of interference may seem like an **obstacle**, but it is, in fact, the act of protection.

□ **interfere** [ìntərfíər]	動 妨害する、干渉する
□ **exclaim** [ikskléim]	動 (興奮して)叫ぶ
□ **emigrate** [émigrèit]	動 移住する、転居する
□ **struggle** [strʌ́gl]	名 苦闘、もがき 動 戦う、もがく
□ **obstacle** [ɑ́bstəkəl]	名 障害、邪魔

39 裁判と判決

①犯罪者に対する判決(sentences)を決めるのは裁判官(judge)の役目である。
②犯罪の被害者は、必ずしも刑(penalty)に同意はしないが。
③この理由で、被害者らはより重い刑を求めて弁護士(lawyers)を雇う。
④裁判で下される判決が寛大過ぎると主張する(assert)人もいる。
⑤しかし、犯罪者が自責の念を示し謝罪すれ(apologize)ば、より軽い判決を受ける権利が与えられる。
⑥最近、致命的な自動車事故がますます目につく(evident)ようになってきている。
⑦人々がますます不注意に運転していることが、この事実から結論づけ(conclude)られる。
⑧運転手は過失致死が一生良心(conscience)に残ることを忘れてはならない。
⑨人々の考え方を安全運転のほうに変えられる(convert)ように、より厳しい規則を施行しなくてはならない。

□ **judge** [dʒʌ́dʒ]	名 裁判官、審判員　動 裁判する、判断する
□ **sentence** [séntəns]	名 判決、宣告、刑、文
□ **penalty** [pénəlti]	名 刑罰、罰金
□ **lawyer** [lɔ́:jər]	名 弁護士
□ **assert** [əsə́:rt]	動 断言する、主張する

①It is the role of the **judge** to decide the **sentences** for criminals.
②Although the victims of the crimes do not always agree with the **penalty**.
③For this reason, they hire **lawyers** to appeal for stronger sentences.
④Some people **assert** that the sentences handed out by the court are too lenient.
⑤But if the criminal shows remorse and **apologizes**, he is entitled to a lighter sentence.
⑥Recently, fatal automobile accidents are becoming more and more **evident**.
⑦We can **conclude** from this that people are driving less carefully.
⑧Drivers must remember that manslaughter will remain on their **conscience** forever.
⑨We must implement stricter rules to **convert** people across to safe driving.

□	**apologize** [əpάlədʒàiz]	動 あやまる、謝罪する
□	**evident** [évidənt]	形 明らかな、はっきりとわかる
□	**conclude** [kənklúːd]	動 終える、結論を下す
□	**conscience** [kάnʃəns]	名 良心
□	**convert** [kənvə́ːrt]	動 変える、改宗させる

40 無罪か有罪か

①探偵小説では、偉大な探偵が難しい犯罪をみな解決してしまうように見える(appear)。
②しかし、実際の(actual)検挙率はそんなに高くない。
③我々は警察は頼りにならないと非難する(blame)。
④捜査のほとんどは目撃者(witnesses)探しから始まる。
⑤刑事は証拠の痕跡(traces)を探し求める。
⑥次にこの証拠(evidence)は、捜査線上に上った人々に当てはめて犯人を割り出すために使われる。
⑦警察は有罪を裏づけ(confirm)ないと、被疑者を逮捕できない。
⑧不十分な証拠は、法廷(court)で被疑者の有罪を証明するのを困難にする。
⑨そして、もし有罪の(guilty)評決を得られないと、彼らの努力はすべて無駄になる。
⑩正義を確保することにおいて、裁判(trial)制度は非常に重要な役割をになっている。

□ **appear** [əpíə*r*]	動 現れる、~と見える
□ **actual** [ǽktʃuəl]	形 現実の、実際の
□ **blame** [bléim]	動 非難する、責任を帰する
□ **witness** [wítnis]	名 目撃者、証人　動 目撃する
□ **trace** [tréis]	名 跡、形跡、足跡

①In detective stories, great detectives **appear** to solve all difficult crimes.
②However, **actual** arrest rates are not so high.
③We **blame** the police for not being reliable.
④Most investigations are started by searching for **witnesses**.
⑤The detectives search for **traces** of evidence.
⑥This **evidence** is then used to try and find the culprit.
⑦The police cannot arrest a suspect unless they have **confirmed** their guilt.
⑧Insufficient evidence will make the suspect's guilt difficult to prove in **court**.
⑨And if they cannot get a **guilty** verdict, all of their effort is wasted.
⑩The **trial** system plays a very important role in ensuring justice.

□ **evidence** [évidəns]	名 証拠、根拠
□ **confirm** [kənfə́ːrm]	動 確認する、裏づける
□ **court** [kɔ́ːrt]	名 法廷、宮殿、コート
□ **guilty** [gílti]	形 有罪の、罪の意識のある
□ **trial** [tráiəl]	名 試み、裁判

PART 4　学習進捗状況チェック表

No	タイトル	単語		英作文		解釈	
31	民主主義と議会						
32	大統領と野党の関係						
33	州と連邦						
34	国際会議のテーマ						
35	戦争の終結						
36	軍隊と日本						
37	憲法改正						
38	市民権						
39	裁判と判決						
40	無罪か有罪か						

PART 4「マスター度」チェック

次の3単語が、どのストーリーのどんな文の中に出てきたか、思い出してください。3単語とも思い出せた方は、見事にPART 4をマスターしておられます。

①ambassador　②nuclear　③independence

⇨答えは、それぞれ次のページでお確かめください。
①89ページ　②93ページ　③101ページ

PART 5

教育

*

41 脳の働き

42 2種類の大学生

43 大学生の実態

44 算数のできない大学生

45 学力低下

46 英語教育

47 化学の先生

48 5つの問題

49 物理学と化学

50 2つの宇宙論

41 脳の働き

①脳は現状を把握し(grasp)、とるべき行動を決定する。
②脳は知覚(perception)機能をつかさどる。
③我々は鼻で匂いを嗅ぐ(smell)が、それがどんな匂いなのか(smell)を判断するのは脳である。
④耳で音(sound)を聞く場合も同じだ。
⑤運動(movement)能力もまた脳によって統制されている。
⑥脳がどの筋肉(muscles)を動かすかを命じる。
⑦だから脳は運動競技(athletics)のような身体活動においても非常に重要だ。
⑧ボール投げ(casting)のような簡単な動作でも、複雑な予測を要する。
⑨このような予測を意識的にするのをやめる(pause)と、スポーツはできなくなるだろう。
⑩また、脳は危険を察すると、意識をもうろうと(feel faint)させて私たちを守ってくれる。

□ **grasp** [grǽsp]	動 つかむ、理解する
□ **perception** [pərsépʃən]	名 知覚、認知
□ **smell** [smél]	動 におう、においをかぐ 名 におい、香り
□ **sound** [sáund]	動 音がする、~と思える 名 音 形 健全な
□ **movement** [múːvmənt]	名 運動、動作、動向

①The brain **grasps** the current situation and decides on the action to take.
②The brain rules our **perception** functions.
③We **smell** with our noses, but it is the brain that decides what it **smells** like.
④The same is true for hearing **sounds** with our ears.
⑤Our ability of **movement** is also governed by our brain.
⑥It tells us which **muscles** to move.
⑦The brain is therefore extremely important in physical activities, such as **athletics**.
⑧The simple task of **casting** a ball requires complex calculations.
⑨If we had to **pause** to make these calculations consciously, there would be no sports.
⑩The brain also protects us by making us feel **faint** when it senses danger.

□ **muscle** [mʌ́sl]	名 筋肉、腕力
□ **athletic** [æθlétik]	形 スポーツマンらしい、運動競技の、(athleticsで)運動競技
□ **cast** [kǽst]	動 投げる、投げかける
□ **pause** [pɔ́ːz]	名 中断、休止　動 休止する
□ **faint** [féint]	形 気絶しそうな、かすかな

42　2種類の大学生

①大学(university)生は大まかに2つの異なったタイプに分けられる。
②第1のタイプは好奇心旺盛(curious)で、専門の分野について真剣な学生だ。
③彼らの願いは、できる限り学問的な(academic)方法で研究を続けることである。
④彼らの大半は非常に有能である(efficient)。
⑤中には学者(scholars)になるために、研究の道を進む者すらいるかもしれない。
⑥卒業したら(after graduating)、有名な一般企業に就職したいと考える者もいる。
⑦第2のタイプの学生は、いま受けている教育(instruction)は単に卒業という目的のためだと感じている。
⑧こういう学生たちは、はたして熱心な学生と同じ方法で教育される(be instructed)べきだろうか。
⑨大学から時間を無駄使いしている学生を排除する(remove)ことにより、教育(education)のレベルは上がるだろうと感じている人もいる。

□ **university** [jùːnivə́ːrsiti]	名 大学
□ **curious** [kjúəriəs]	形 好奇心が強い、奇妙な
□ **academic** [æ̀kədémik]	形 学問の、学校の
□ **efficient** [ifíʃənt]	形 有能な、能率的な
□ **scholar** [skɑ́lər]	名 学者、学ぶ人、奨学生

①**University** students can be broadly separated into two different types.
②One consists of the students who are **curious** and eager about a specialized field.
③Their wish is to continue studying through **academic** means as far as possible.
④Most of them are very **efficient**.
⑤Some of them may even advance on the road of research to become **scholars**.
⑥Some want to find employment in famous general enterprises after **graduating**.
⑦The other type of students feel the **instruction** they receive is just for graduation purposes.
⑧Should these students be **instructed** in the same way as the passionate students?
⑨Some people feel that by **removing** the timewasters from university, the level of **education** would increase.

□ **graduate** [grǽdʒuèit]	動 卒業する、卒業させる 名 卒業生、大学院生
□ **instruction** [instrʌ́kʃən]	名 教授、指示
□ **instruct** [instrʌ́kt]	動 指示する、教える
□ **remove** [rimúːv]	動 取り除く、転居する
□ **education** [èdʒukéiʃən]	名 教育、教養

43 大学生の実態

①大学に入学許可された後、学生の一部は勉学に対する熱意(enthusiasm)を失う。
②これは一種の病状であり、すなわち(namely)「五月病」と呼ばれている。
③受験勉強期間中に蓄積された緊張(tension)が、突然解き放たれてしまう。
④学生たちは平穏で安定した(stable)日常に対して、過剰反応してしまう。
⑤これは過剰な期待(expectations)によってもたらされる社会的な問題である。
⑥大学の学歴がない人は将来に期待(prospect)が持てないとみなされる。
⑦社会は子供たちに与えているプレッシャーに気づか(aware of)なければならない。
⑧現実(reality)に向き合うべき時である。
⑨大企業を説得して(persuade)、大学卒ではない人を雇用させることもまた必要である。
⑩よい仕事を求めての競争の増加はまた、経済を活性化させる(stimulate)だろう。

□ **enthusiasm** [inθjúːziæ̀zm]	名 熱心、熱中
□ **namely** [néimli]	副 つまり、すなわち
□ **tension** [ténʃən]	名 ぴんと張ること、緊張
□ **stable** [stéibl]	形 安定した、一定の
□ **expectation** [èkspektéiʃən]	名 予想、期待

①Some students lose the **enthusiasm** for study after being accepted at university.
②This is a medical condition known, **namely**, as student apathy.
③The **tension** that built up during the examination period is suddenly released.
④The students overreact to the thought of a peaceful and **stable** routine.
⑤This is a social problem caused by over-emphasized **expectations**.
⑥A person without a university education is considered to have no **prospects** for the future.
⑦Society must be made **aware** of the pressure we are placing on our children.
⑧It is time that we faced **reality**.
⑨It is also necessary to **persuade** major companies to employ non-graduates.
⑩Increased competition for good jobs may also **stimulate** the economy.

□ **prospect** [práspekt]	名 見込み、見通し、見晴らし
□ **aware** [əwéər]	形 気づいている、意識を持った
□ **reality** [riǽliti]	名 現実性、事実
□ **persuade** [pərswéid]	動 説得する、説得して～させる
□ **stimulate** [stímjulèit]	動 刺激する、元気づける

44 算数のできない大学生

①複雑な割り算ができない(connot divide)大学生がいると言われている。
②おおざっぱに(roughly)言えば、彼らには数学の能力がないということだ。
③彼らのうちの何人かは、足し算(addition)と引き算さえできない。
④ある先生は、それは学校が計算(figures)に力を入れていないからだと主張する。
⑤ある学校で子供たちに数学の問題を数多く(plenty of)させる試みが行なわれた。
⑥これで子供たちは全く変わった(transform)。
⑦子供たちが問題を解くのにかかった総(total)時間が毎回計られた。
⑧彼らの計算能力は少しずつ(bit by bit)向上した。
⑨彼らは計算力だけでなく、集中力も他の子供たちより勝った(surpass)。
⑩このやり方で数学の能力は向上したが、一方(whereas)他の教科に関しては同じ結果は得られなかった。

□ **divide** [diváid]	動 分割する、分配する
□ **roughly** [rʌ́fli]	副 乱暴に、およそ
□ **addition** [ədíʃən]	名 付加、足し算
□ **figure** [fígjə*r*]	名 数字、姿、(figures で)計算
□ **plenty** [plénti]	名 たくさん、多数

①It is said that some university students cannot **divide** complex figures.
②**Roughly** speaking, this means that they lack ability in mathematics.
③Some of them even stumble on **addition** and subtraction.
④A certain teacher insists that this is because schools don't concentrate on **figures**.
⑤An experiment was carried out in one school with the children presented with **plenty** of mathematical problems.
⑥This led to a situation where the children were completely **transformed**.
⑦The **total** time it took the children to solve the problems was measured each time.
⑧Their calculation ability improved **bit** by **bit**.
⑨They **surpassed** other children not only in calculation, but also in concentration.
⑩**Whereas** this improved mathematical skills, the same result was not found with other subjects.

□ **transform** [trænsfɔ́ːrm]	動 変形する、変える、変わる
□ **total** [tóutəl]	形 完全な、全体の、総計の
	名 総計、総額
□ **bit** [bít]	名 小片、少し
□ **surpass** [sərpǽs]	動 勝る、より優れる
□ **whereas** [hwèərǽz]	接 であるのに対して、に反して

45 学力低下

①多くの国民がそのテストの結果に関心(interest)を持った。

②その結果は学力レベルの低下をはっきりと示した(signify)。

③そして、これは深く憂慮(deep concern)すべき問題だ。

④塾は心配性の親を満足させる(satisfy)ためだけにあるようだ。

⑤しかしこの種の満足(satisfaction)感は、成績が向上しないと長続きしない。

⑥楽天家(optimists)は、より高いレベルの達成はより多くの勉強で到達可能だと信じる。

⑦子供は勉強すればするほど、より多く学ぶと決めてかかる(assume)。

⑧しかし、よい結果はより質の高い勉強から生じる(be exhibited)のが普通だ。

⑨勉強時間を長くさせることは、単に(merely)子供により多くのプレッシャーを感じさせるだけである。

⑩授けられる教育の質に注目(attention)すべき時が来たのだ。

□ **interest** [íntrəst]	名 関心、利益、利息　動 興味を起こさせる
□ **signify** [sígnifài]	動 示す、意味する
□ **concern** [kənsə́ːrn]	動 関係する、心配させる 名 関係、関心事
□ **satisfy** [sǽtisfài]	動 満足させる、納得させる
□ **satisfaction** [sæ̀tisfǽkʃən]	名 満足、満足させるもの

①A lot of people showed **interest** in the results of the test.
②The results clearly **signified** a decline in achievement levels.
③And this is an issue of deep **concern**.
④Cram schools seem to exist only for the purpose of **satisfying** worried parents.
⑤But this sense of **satisfaction** is short lived if results are not improved.
⑥**Optimists** believe that higher levels of achievement are possible through extra study.
⑦They **assume** that the longer children study, the more they will learn.
⑧But better results are usually **exhibited** through a higher quality of study.
⑨To extend the number of hours children have to study **merely** places more pressure on them.
⑩It is time to turn our **attention** to the quality of the education being provided.

□ **optimist** [ɑ́ptimist]	名 楽天家、楽観主義者
□ **assume** [əsjúːm]	動 想定する、～のふりをする
□ **exhibit** [igzíbit]	動 展示する、示す　名 展示品
□ **merely** [míərli]	副 ただ、単に
□ **attention** [əténʃən]	名 注意、配慮、世話

46 英語教育

①子供たちは小さい時から英語を学習するように押しつけられている(be pressed)。
②英語教育が重要であるという意見に、異論(objections)はない。
③しかしながら、小学校で英語を教えることに、私は批判的(critical)である。
④英語がしゃべれなくても、国際会議(conferences)に出席する(attend)ことは可能である。
⑤委員会(committee)の大多数の委員は、自国の言語で論文を発表する。
⑥英語がしゃべれないと認めている(admit)人の多くが、要職についている。
⑦最も大事なことは、自分の言葉ではっきりと意見(opinions)を発表することである。
⑧自国の言語で考えられた概念で出来上がっている(consist of)スピーチのほうがより興味深い。
⑨外国語にトライする前に、母国語で話す能力をしっかり(firmly)習得しなければならない。

□ **press** [prés]	動 押す、圧する 名 押すこと、新聞
□ **objection** [əbdʒékʃən]	名 反対、異議
□ **critical** [krítikəl]	形 批判的な、危機の
□ **attend** [əténd]	動 出席する、付き添う、世話する
□ **conference** [kɑ́nfərəns]	名 (大規模な)会議、協議

①Children are **pressed** into learning English from an early age.
②I have no **objections** to the opinion that English education is important.
③However, I am **critical** of teaching English in elementary school.
④It is possible to **attend** international **conferences** without being able to speak English.
⑤Most **committee** members announce their papers in their own languages.
⑥Many people who **admit** they cannot speak English are in key positions.
⑦The most important thing is to clearly express our **opinions** in our own words.
⑧A speech that **consists** of concepts considered in one's own language is more interesting.
⑨Before attempting a foreign language, we must **firmly** acquire the ability to speak in our mother tongue.

□ **committee** [kəmíti]	名 委員会、(全)委員
□ **admit** [ədmít]	動 (入るのを)認める、白状する
□ **opinion** [əpínjən]	名 意見、見解
□ **consist** [kənsíst]	動 〜からなる、〜に存する
□ **firmly** [fə́ːrmli]	副 しっかりと、確固として

47 化学の先生

①数学(mathematics)は非常に緻密な科学だ。
②物理(physics)もまたしかりである。
③自分の気に入る(prefer)科学的な命題を見つけ出すことは、得るところが多い。
④不幸にも(unfortunately)多くの場合、この発見は先生次第である。
⑤例えば、もし先生が生物学(biology)に多大な熱意を持っていれば、あなたもそうなるだろう。
⑥私は高校の時に素晴らしい化学(chemistry)の先生に受け持ってもらった。
⑦彼はこの分野では専門家(expert)だった。
⑧彼がその科目で見せた熱意のおかげで、私は力を伸ばす(flourish)ことができた。
⑨彼から手ほどきしてもらってからは、私は宿題すら進んでする(willing to)ようになった。
⑩学生と先生の心理(psychology)関係は驚くべきものだ。

□ **mathematics** [mæ̀θəmǽtiks]	名 数学
□ **physics** [fíziks]	名 物理学
□ **prefer** [prifə́ːr]	動 ～の方を好む、むしろ～を選ぶ
□ **unfortunately** [ʌ̀nfɔ́ːrtʃənitli]	副 不幸にも、運悪く
□ **biology** [baiάlədʒi]	名 生物学

①**Mathematics** is an extremely precise science.
②**Physics** is no different.
③Discovering a scientific subject that you **prefer** can be very enlightening.
④**Unfortunately**, in many cases this discovery depends on your teacher.
⑤If your teacher shows huge enthusiasm for, say, **biology**, then so will you.
⑥I had a wonderful **chemistry** teacher when I was at high school.
⑦He was an **expert** in his field.
⑧The enthusiasm he showed for the subject encouraged me to **flourish**.
⑨After tutorage from him, I was even **willing** to do homework.
⑩The **psychology** between a student and his teacher is an amazing thing.

□	**chemistry** [kémistri]	名 化学、化学的作用
□	**expert** [ékspəːrt]	動 専門家、名人
□	**flourish** [fləːriʃ]	動 繁る、繁盛する
□	**willing** [wíliŋ]	形 快く～する、いとわず～する
□	**psychology** [saikάlədʒi]	名 心理学、心理(状態)

48 5つの問題

①以下の問題は10分以内(within)に解けなくてはならない。
②これらはすべて重要(major)問題だ。
③問1は、三角形(triangle)の面積を求める問題だ。
④問2は、平行(parallel)線上の角度を計算するもの。
⑤等しい角度(equal degrees)を持つ角には印をつけることが大事だ。
⑥問3は、比例(proportions)を使って解く。
⑦問4は、水分中の食塩濃度(percentage)を計算する。
⑧試験官にわかる(visible)ようにすべての計算を書き留めなさい。
⑨結果しか書かれていない表面的な(superficial)解答は認められない。

□ **within** [wiðín]	前 ～の内部に、～以内で(時間や距離)
□ **major** [méiʒər]	形 大きい方の、主要な、過半数の　動 専攻する
□ **triangle** [tráiæ̀ŋgl]	名 三角形
□ **parallel** [pǽrəlel]	形 平行な　名 平行線
□ **equal** [íːkwəl]	形 等しい、平等の

①The following problems must be solved **within** ten minutes.
②All of these are **major** problems.
③Problem No.1 requires you to find the area of the **triangle**.
④For problem No.2, calculate the angle of the **parallel** lines.
⑤It is important to add marks where the angles share **equal degrees**.
⑥Use **proportions** to answer No.3.
⑦Calculate the **percentage** of salt in the water for No.4.
⑧Write down all of your calculations so that they are **visible** to the examiner.
⑨**Superficial** answers that contain only the result are not acceptable.

□ **degree** [digríː]	名 程度、学位、度
□ **proportion** [prəpɔ́ːrʃən]	名 割合、比例、調和
□ **percentage** [pərséntidʒ]	名 百分率、割合
□ **visible** [vízəbl]	形 目に見える、明らかな
□ **superficial** [sùːpərfíʃəl]	形 表面的な、皮相的な

49 物理学と化学

①物理学と化学は両者とも物質(substances)の特性に依存するという点で似通っている。
②固体(solids)は通常堅固であるが、壊れるものでもある。
③液体(liquids)には多種多様な粘性が見られる。
④もしこれらの物質(materials)を科学的に分析(analyze)すれば、幅広い情報が得られるだろう。
⑤物質がどのように利用されるかは、その物質(matter)の成分によって決まる。
⑥元素は周期表に基づいて特定される(be identified)。
⑦人類に知られているすべての元素がこの表に含まれている(be included)。
⑧いくつかの元素は、互いに反応(react)しやすい。
⑨一方、その他の元素に対する反応はいろいろで(vary)、気化を誘発する。

□ **substance** [sʌ́bstəns]	名 物質、実体
□ **solid** [sɑ́lid]	形 固体の、堅固な　名 固体
□ **liquid** [líkwid]	名 液体　形 液体の、流動体の
□ **analyze** [ǽnəlàiz]	動 分析する、検討する
□ **material** [mətíəriəl]	名 材料、資料　形 物質の、肉体的な

①Physics and chemistry are similar in that they both rely on the property of **substances**.
②**Solids** are usually strong, but they can also be fragile.
③**Liquids** come in a wide variety of different viscosities.
④If we **analyze** these **materials** scientifically, we are provided with a wide range of information.
⑤The way in which materials are used depends on the element of the **matter**.
⑥Elements are **identified** in accordance with the periodic table.
⑦Every element known to man is **included** in this table.
⑧Some elements **react** favorably with each other.
⑨Whereas reactions with other elements **vary** and induce volatile situations.

□ **matter** [mǽtər]	動 重要である、大切である 名 物質、事柄、困難
□ **identify** [aidéntifài]	動 同一であると見なす、認定する
□ **include** [inklúːd]	動 含む、勘定に入れる
□ **react** [riǽkt]	動 反応する、反発する
□ **vary** [véəri]	動 変わる、異なる

50　2つの宇宙論

①宇宙(universe)は未知の世界だ。
②技術の進歩は、より詳しい宇宙の観測(observations)を可能にした。
③今日、彼方にある銀河(galaxies)の鮮明な写真は、もはや私たちを驚かせはしない。
④テレビ放送やカーナビのシステムは人工衛星(satellites)のおかげである。
⑤そして、宇宙旅行から生じた技術は私たちの日常生活に多大な(immense)貢献をした。
⑥宇宙と合致するのは、はたして「定常(steady)宇宙説」か「ビッグバン宇宙説」か。
⑦宇宙に究極の(ultimate)果てはあるのか。
⑧これらは今日でも私たちを困らせるお決まりの(usual)疑問だ。
⑨天文学は非常に複雑な(complicated)テーマだが、私たちの心を魅了する。
⑩そしてさまざまな現象(phenomena)の究明が未来も続くことは疑いようがない。

□ **universe** [júːnivəːrs]	名 宇宙、全世界、領域
□ **observation** [àbzərvéiʃən]	名 観察、観測
□ **galaxy** [gǽləksi]	名 星雲、銀河
□ **satellite** [sǽtəlàit]	名 衛星、人工衛星
□ **immense** [iméns]	形 巨大な、すてきな

①The **universe** is an unknown world.
②Progress in technology has enabled us to make deeper **observations** into space.
③Nowadays, clear photographs of faraway **galaxies** no longer astound us.
④We rely on **satellites** for television broadcasts and car navigation systems.
⑤And the technology conceived from space travel has made an **immense** contribution to our everyday lives.
⑥Does space conform to the **Steady** State Theory or the Big Bang Theory?
⑦Are there any **ultimate** limits to space?
⑧These are the **usual** questions that continue to confound us even today.
⑨Astronomy is a very **complicated** subject, but it manages to capture our hearts.
⑩And there is no doubt that investigations into various **phenomena** will continue into the future.

□ **steady** [stédi]	形 しっかりした、不変の
□ **ultimate** [ʌ́ltimit]	形 究極の、最後の
□ **usual** [jú:ʒuəl]	形 いつもの、普通の
□ **complicated** [kɑ́mplikèitid]	形 込み入った、難しい
□ **phenomenon** [finɑ́mənɑ̀n]	名 （複数形はphenomena）現象、事件

PART 5　学習進捗状況チェック表

No	タイトル	単語		英作文		解釈	
41	脳の働き						
42	2種類の大学生						
43	大学生の実態						
44	算数のできない大学生						
45	学力低下						
46	英語教育						
47	化学の先生						
48	5つの問題						
49	物理学と化学						
50	2つの宇宙論						

PART 5「マスター度」チェック

次の3単語が、どのストーリーのどんな文の中に出てきたか、思い出してください。3単語とも思い出せた方は、見事にPART 5をマスターしておられます。

① scholar　② figure　③ triangle

⇒答えは、それぞれ次のページでお確かめください。
①111ページ ②115ページ ③123ページ

PART 6

社会

＊

51 ブラックジャック

①ブラックジャックは漫画の中の外科医(surgeon)の名前である。
②彼は非常に有能(capable)ながら無免許医師である。
③彼はどんな病でも治す(cure)ことができるので有名だ。
④彼が行なう手術(operations)はまるで神業のように描かれている。
⑤彼の手にかかって回復(recover)しない人はほとんどいない。
⑥しかし、ブラックジャックは決して誰にもすぐ(immediate)には治療しない。
⑦さらに彼は、どのような些細な処置(treatment)にも法外な治療費を請求する。
⑧彼が手術をしよう(operate)とする患者は治る見込みのない患者でなければならない。
⑨いろいろな意味で、この漫画は人間の内面の(internal)ヤミの部分を的確に描いている。
⑩作者の手塚治虫氏は私たちに人間の素晴らしさと醜さを、医学(medicine)を通して示している。

□ **surgeon** [sə́ːrdʒən]	名 外科医
□ **capable** [kéipəbl]	形 能力がある、有能な
□ **cure** [kjúər]	名 治療、治療薬　動 癒す
□ **operation** [ɑ̀pəréiʃən]	名 働き、操作、手術
□ **recover** [rikʌ́vər]	動 取り戻す、回復する

①Black Jack is the name of a **surgeon** in a cartoon.
②He is a very **capable** but unlicensed doctor.
③He is famous for being able to **cure** any sickness.
④The **operations** he performs are depicted as being close to miracles.
⑤Very few patients fail to **recover** after his administrations.
⑥But Black Jack never provides **immediate** treatment to anybody.
⑦And he charges exorbitant sums for every small item of **treatment**.
⑧The patients have to be desperate before he will **operate** on them.
⑨In many ways, this cartoon cleverly depicts the **internal** machinations of man.
⑩The author, Osamu Tezuka, uses the field of **medicine** to show us both the best and worst of man.

□ **immediate** [imíːdiit]	形 即座の、直接の
□ **treatment** [tríːtmənt]	名 治療、取り扱い
□ **operate** [ɑ́pərèit]	動 操作する、処理する、手術する
□ **internal** [intə́ːrnəl]	形 内部の、内面的な、国内の
□ **medicine** [médisin]	名 医学、薬

52 眼の手術

①私は子供の時からずっと悪い視力(sight)に苦しんできた。

②とうとう、視力(vision)を回復するために眼科の手術を受けることになった。

③包帯がとられた時、最初に目にした(glance)ものはまるで奇蹟のようだった。

④突然、私は今まで見たことがない遠くにある物を、一目で見る(glimpse)ことができるようになった。

⑤田舎の(rural)景色をじっと眺めているのは特に心を満たすものだ。

⑥たった1回の手術のおかげで、私の人生全体の見通し(outlook)を変えられたというのは、驚きだった。

⑦私は今や自然の美に対してわくわく(get excited)できるようになった。

⑧私は木の上の鳥がこんなにも魅惑的だ(fascinate)とは知らなかった。

⑨時には自分が喜びで震える(tremble)のに気づいた。

⑩遠くを見る(stare)こと以上に私を喜ばすものは、そうはない。

□ **sight** [sáit]	名 見ること、視力、視野
□ **vision** [víʒən]	名 視力、想像力
□ **glance** [glǽns]	名 ちらりと見ること、閃光 動 ちらっと見る
□ **glimpse** [glímps]	名 ちらりと見ること、一瞥 動 ちらりと見る
□ **rural** [rúərəl]	形 田舎の、農業の

①I have suffered from bad **sight** ever since I was a child.

②In the end, I had optic surgery to improve my **vision**.

③When the bandages were removed, my first **glance** around was like a miracle.

④Suddenly I was able to **glimpse** things in the distance that I'd never seen before.

⑤Gazing upon **rural** landscapes is especially fulfilling.

⑥It's amazing that a simple operation could change my whole **outlook** on life.

⑦I am now able to get **excited** about the beauty of nature.

⑧I never realized that watching birds in a tree could **fascinate** me so much.

⑨Sometimes I find myself **trembling** with pleasure.

⑩There are few things that please me more than **staring** into the distance.

□ **outlook** [áutlùk]	名 見晴らし、見通し
□ **excite** [iksáit]	動 興奮させる、わくわくさせる
□ **fascinate** [fǽsinèit]	動 魅了する、とりこにする
□ **tremble** [trémbl]	動 震える、心配する
□ **stare** [stéə*r*]	動 見つめる、凝視する

53　病気とケア

①死に至らしめる病気(diseases)はたくさんある。
②子供や高齢者には、高熱(high fevers)も危険なものになりうる。
③もっとも多い死亡原因のひとつはがん(cancer)である。
④喫煙者は肺(lung)がんにかかるリスクが高い。
⑤がん患者(patients)は多くの場合希望を失う。
⑥病院の状況と雰囲気は、正確には(exactly)彼らの回復を促進するものではない。
⑦重篤な病気は多くの場合重い抑うつ状態を伴う(be accompanied)。
⑧将来が憂うつに思えて、多くの人は睡眠中に恐怖で息がつまる(gasp out)。
⑨そのため、患者には精神的な(mental)ケアもなされなければならない。
⑩これはこの恐ろしい病気に打ち勝つ(overcome)ための重要な鍵となるかもしれない。

□ **disease** [dizíːz]	名 病気、疾患
□ **fever** [fíːvər]	名 熱
□ **cancer** [kǽnsər]	名 がん、かに座
□ **lung** [lʌ́ŋ]	名 肺
□ **patient** [péiʃənt]	形 忍耐強い、寛大で　名 患者

①There are many **diseases** that result in death.
②For children and the elderly, high **fevers** can also be dangerous.
③One of the major causes of death is **cancer**.
④Smokers have a high risk of **lung** cancer.
⑤**Patients** suffering from cancer often lose hope.
⑥The conditions and atmospheres of hospitals do not **exactly** speed their recovery.
⑦The severity of the illness is often **accompanied** by a deep depression.
⑧The future seems so morbid, that many **gasp** out in their sleep.
⑨For this reason, patients should also be provided with **mental** care.
⑩This may act as a decisive key in **overcoming** this dreadful disease.

□ **exactly** [igzǽktli]	副 正確に、きっかり
□ **accompany** [əkʌ́mpəni]	動 同行する、伴う
□ **gasp** [gǽsp]	動 あえぐ、息をのむ　名 あえぎ
□ **mental** [méntəl]	形 精神の、知力の
□ **overcome** [òuvərkʌ́m]	動 打ち勝つ、克服する

54 児童虐待

①児童虐待(child abuse)のニュースが新聞のますます多くの紙面を占めるようになってきている。
②虐待された子供たちは、生涯にわたってつらい過去を思い出す(recall)運命にある。
③虐待する親は自分たちがした暴力を「しつけ」として正当化する(justify)。
④親たちは家では非常に攻撃的(aggressive)になりがちだが、社会ではまともに見える。
⑤彼らは子供の純粋な心につけこむ(exploit)。
⑥真実が外界から見えないようにする(conceal)ために、彼らは子供たちの口封じをする。
⑦親だけでなく公的な(official)組織も、虐待について絶えず批判にさらされる(be criticized)。
⑧しかしながら、正義(justice)のために懸命に働いている人々もいる。
⑨虐待されている子供たちを保護する職権(authority)を、彼らが通常は持っていないことに問題がある。

□ **abuse** [əbjúːz]	動 乱用する、虐待する 名 [əbjúːs] 乱用、虐待
□ **recall** [rikɔ́ːl]	動 思い出す、思い出させる、呼び戻す 名 呼び戻し
□ **justify** [dʒʌ́stifài]	動 正当化する、弁明する
□ **aggressive** [əgrésiv]	形 攻撃的な、積極的な
□ **exploit** [iksplɔ́it]	動 開発する、搾取する

①The newspapers are increasingly filled with news of child **abuse**.

②Abused children are doomed to **recall** their misery throughout their lives.

③Parents who abuse their children **justify** their violence as discipline.

④They tend to be very **aggressive** at home, but appear normal in society.

⑤They **exploit** their children's pure minds.

⑥They muzzle their children in order to **conceal** the truth from the outside world.

⑦Not only parents but also **official** bodies are regularly **criticized** over abuse.

⑧However, there are people who work hard for **justice**.

⑨The problem is that they usually lack the **authority** to protect the abused children.

□ **conceal** [kənsíːl]	動 隠す、秘密にする
□ **official** [əfíʃəl]	形 公式の、当局の　名 公務員、職員
□ **criticize** [krítisàiz]	動 批評する、非難する
□ **justice** [dʒʌ́sʧis]	名 正義、公正
□ **authority** [əθɔ́ːriti]	名 権威、権限、当局

55 家庭内暴力

①最近まで、家庭内暴力(domestic violence)は家族げんか以外の何物でもないと見られていた。
②しかしながら、今や疑いのない犯罪(crime)だと見られている。
③家庭内での暴力の脅威(threat)は、おおむね女子と子供に向けられている。
④家庭内暴力の増加は警察組織全体に警鐘(alarms)を鳴らしている。
⑤殺人(murder)に至る事件さえ増加している。
⑥このような犯罪を犯す(commit)人の多くは、幼児期に虐待されていたということが判明している。
⑦しかしこれは言い訳にならない。彼らはやはり犯罪者(criminals)である。
⑧警察は暴力の疑いのある人物を逮捕する(arrest)ことが、より自由に行なえるようになってきた。
⑨そして被害者保護の試み(attempt)として、シェルターが設立されつつある。

□ **domestic** [dəméstik]	形 家庭の、国内の
□ **violence** [váiələns]	名 暴力、激しさ
□ **crime** [kráim]	名 罪、犯罪
□ **threat** [θrét]	名 脅し、悪い兆し
□ **alarm** [əlɑ́ːrm]	動 びっくりさせる、不安にさせる 名 驚き、警報

①Until recently, **domestic violence** was seen as nothing more than a family quarrel.
②Now, however, it is seen as an undoubted **crime**.
③The **threat** of violence in the home is mostly against women and children.
④An increase in domestic violence is ringing **alarms** throughout the police department.
⑤There is even an increase in incidents that result in **murder**.
⑥It has been proved that many people who **commit** these crimes were abused as children.
⑦But this is no excuse; they are still **criminals**.
⑧The police have more freedom to **arrest** people whom they suspect of violence.
⑨And shelters are being established in an **attempt** to protect the victims.

□ **murder** [mə́ːrdər]	名 殺人、殺人事件　動 殺す
□ **commit** [kəmít]	動 犯す、委任する
□ **criminal** [kríminəl]	名 犯人、犯罪者　形 犯罪の、刑法の
□ **arrest** [ərést]	動 逮捕する、(注意などを)引く
□ **attempt** [ətémpt]	名 試み、企て　動 試みる、企てる

56　認知症の話

①近年、認知症に関する研究(research)は大きく進歩している。

②認知症は記憶力(memory)を冒す脳の病気である。

③調査(surveys)によって、認知症にかかるのは老人だけではないことが明らかになった。

④若い人たちも罹患することが、調査(searches)によってわかったのだ。

⑤認知症の主要な症状のひとつは、これまでの体験(experiences)をすっかり忘れてしまうことだ。

⑥当然、患者たちはみな普通の社会人として生活したいと強く願っている(be eager to)。

⑦しかし多くの場合、彼らの権利は否定される(be denied)。

⑧たまには些細なことが、彼らに過去を思い出させる(remind)こともある。

⑨適切な治療によって、より的確に反応(respond)できるようになる。

⑩音楽療法は現在利用できる(available)治療法のひとつである。

□ **research** [risə́ːrtʃ]	名 研究、調査　動 調査する
□ **memory** [méməri]	名 記憶(力)、思い出
□ **survey** [sərvéi]	動 概観する、調査する　名 概観、調査
□ **search** [sə́ːrtʃ]	動 捜す、調べる　名 捜索、調査
□ **experience** [ikspíəriəns]	名 経験、体験　動 経験する

①Recently, **research** on dementia has made much progress.

②Dementia is a disease of the brain that affects the **memory**.

③**Surveys** have shown that it is not only elderly people who are affected by dementia.

④**Searches** have proved that younger people can also be afflicted.

⑤One of the main symptoms of dementia is forgetting entire **experiences**.

⑥Naturally, all patients are **eager** to live as normal members of society.

⑦But in many cases, they are **denied** their rights.

⑧Sometimes, small items may **remind** them of their past.

⑨Appropriate treatment may enable them to **respond** more adequately.

⑩Musical therapy is one of the treatments currently **available**.

□ **eager** [íːgər]	形 熱望して、熱心な、〜したがって
□ **deny** [dinái]	動 否認する、否定する、拒む
□ **remind** [rimáind]	動 思い出させる、連想させる
□ **respond** [rispánd]	動 答える、反応する
□ **available** [əvéiləbl]	形 利用できる、手に入る

57 遺産争い

①老人は小さな農家に生まれ、少年時代の暮らしは貧しかった(in poverty)。
②その後、商売でひと財産(fortune)作った。
③彼は自分の死後、赤十字に全財産(property)を寄付する申し出をした。
④遺書を書き、銀行の保管所(storage)に安全に保管しておいた。
⑤不幸にも、近親者は彼が自分たちを見捨てた(abandon)のだと思った。
⑥巨額の富(enormous wealth)にもかかわらず、彼は不幸せな男として死んだ。
⑦彼の死後、彼の家族は彼の遺産を手に入れる(acquire)ための争いに巻き込まれた。
⑧すべてを慈善事業に遺贈するのは不公平だと彼らは訴えた(complain)。
⑨裁判所は最後には老人の遺言を支持した。それは彼の願いにとっては幸せな(fortunate)結果であった。

□ **poverty** [pávərti]	名 貧乏、欠乏
□ **fortune** [fɔ́ːrtʃən]	名 運、財産
□ **property** [prápərti]	名 財産、地所
□ **storage** [stɔ́ːridʒ]	名 貯蔵、保管
□ **abandon** [əbǽndən]	動 見捨てる、放棄する

①An old man was born on a small farm and lived in **poverty** in his early life.
②Then, he made a large **fortune** through business.
③He offered to contribute all of his **property** to the Red Cross after his death.
④He wrote out a will and put it safely in **storage** at the bank.
⑤Unfortunately, his immediate relatives believed that he had **abandoned** them.
⑥Despite his **enormous wealth**, he died an unhappy man.
⑦After his death, his family became embroiled in a quarrel to **acquire** his wealth.
⑧They **complained** that to bequeath everything to a charity was unfair.
⑨The court eventually upheld the old man's will, which was a **fortunate** outcome for his wishes.

□ **enormous** [inɔ́ːrməs]	形 巨大な、ばく大な
□ **wealth** [wélθ]	名 富、財産
□ **acquire** [əkwáiər]	動 獲得する、習得する
□ **complain** [kəmpléin]	動 不平を言う
□ **fortunate** [fɔ́ːrtʃənit]	形 幸運な、幸せな

58 カード犯罪

①銀行の個人口座(accounts)を狙った犯罪的攻撃が増加している。
②こうした犯罪者は偽のキャッシュカードのデータを本物のデータで置き換える(substitute)のである。
③このデータはスキミングと呼ばれるプロセスを通して、本物のカードから集められる(be gathered)。
④この犯罪が行われている疑いが少しでもあれば、警察に通報すべき(should be referred)である。
⑤警察は調査を行ない(inquire)、違法行為が行なわれたかどうかを判断する。
⑥会社のいわゆる「代理店」(agents)からまわされる偽の請求書も広く出回っている。
⑦請求するには適正な(proper)手順に必ず従うべきものであることを、留意しなければならない。
⑧代理店の抗議(protests)があっても、請求書に応じて支払う必要はない。
⑨要求通りに金を預託して(deposit)しまうと、もはや補償の当てがなくなる。
⑩不審に思ったら、公正取引委員会のどの支部(branch)でもいいから連絡することだ。

□ **account** [əkáunt]	名 理由、預金口座、勘定書 動 説明する
□ **substitute** [sʌ́bstitjùːt]	動 代用する、~に代わる 名 代用品
□ **gather** [gǽðər]	動 集める、収集する
□ **refer** [rifə́ːr]	動 言及する、照会させる、参照する
□ **inquire** [inkwáiər]	動 尋ねる、問い合わせる

①Criminal attacks on private bank **accounts** are on the increase.
②These criminals **substitute** real data onto false cash cards.
③This data is **gathered** from authentic cards through a process called skimming.
④Any suspicions of this crime taking place should be **referred** to the police.
⑤The police will **inquire** to see if any illegal activities have occurred.
⑥False billing from so-called "**agents**" of companies is also prevalent.
⑦It must be noted that **proper** procedures will always be followed for billing.
⑧Despite the agent's **protests**, you do not have to pay the bill.
⑨If you **deposit** the money as requested, you are not liable for compensation.
⑩If you are in doubt, contact any **branch** of the Fair Trade Commission.

□ **agent** [éidʒənt]	名 代理人〔店〕、諜報員
□ **proper** [prάpər]	形 適切な、固有の、正式の
□ **protest** [prətést]	動 抗議する、主張する　名 抗議
□ **deposit** [dipάzit]	名 預金、保証金　動 預金する
□ **branch** [brǽntʃ]	名 支店、枝、支線

59 自動車と事故

①自動車(automobile)はとても便利な発明品である。
②私たちを荷物ごと行きたい所どこへでも運んでくれる(convey)。
③しかし、同時に非常に危険な乗り物(vehicle)でもある。
④残念ながら、交通(traffic)事故はまれなことではない。
⑤多くの交通事故は、人々が自分の意思を示し(signal)忘れたために起きる(occur)。
⑥そのために多くの家庭が悲劇のどん底に落とされて(be plunged)きた。
⑦自動車事故(crash)は被害者の家族に恐ろしい影響を与えるだろう。
⑧車は修理(repair)できるが、人間に関してはそんなに簡単ではない。
⑨運転者たちはそのようなつらい(terrible)経験をしないように、もっと気をつけなければならない。

□ **automobile** [ɔ̀ːtəmoubíːl]	名 自動車
□ **convey** [kənvéi]	動 伝える、運ぶ
□ **vehicle** [víːkl]	名 乗り物、媒介物
□ **traffic** [trǽfik]	名 交通、往来
□ **occur** [əkə́ːr]	動 起こる、思い浮かぶ

①The **automobile** is a very convenient invention.
②It **conveys** us and our baggage wherever we want to go.
③But at the same time, it is a very dangerous **vehicle**.
④**Traffic** accidents are, unfortunately, not uncommon.
⑤Many traffic accidents **occur** because people forget to **signal** their intentions.
⑥Because of this, many families have been **plunged** into tragedy.
⑦A car **crash** can have a terrifying effect on the families of the victims.
⑧Automobiles can be **repaired**, but things are not so easy with humans.
⑨Drivers must be more careful to avoid such **terrible** experiences.

□ **signal** [sígnəl]	名 信号、合図　動 合図を送る
□ **plunge** [plʌ́ndʒ]	動 突っ込む、陥れる
□ **crash** [krǽʃ]	名 すさまじい音、衝突、暴落 動 衝突する
□ **repair** [ripéər]	動 修理する、償う　名 修理
□ **terrible** [térəbl]	形 恐ろしい、ひどい

60 地震と被災者

①地震などの災害(disasters)が大きな惨事をもたらす。
②それらは特別な事故(accident)によるものではなく、何の前触れもなく起きる。
③時々自然はうっ積したエネルギーを爆発させる(explode)ように見える。
④多くの人を死なせたり怪我をさせ(injure)たりする。
⑤それらはまた、人々をパニックに近い(close to)状況に置く。
⑥幸運にも助かった人たちは急いで避難場所(shelter)を見つけなければならない。
⑦被災地は他の地域から孤立する(get isolated)ことが多く、これが救助の妨げとなる。
⑧近隣の誰もが素早い復興のために貢献する(contribute)よう求められる。
⑨この救済への呼びかけを身勝手に無視する人たちは、その場の雰囲気を悪くする(poison)。
⑩そしてこのような傷(wounds)は、人々の記憶に何年も残る。

□ **disaster** [dizǽstər]	名 災難、不幸
□ **accident** [ǽksidənt]	名 事故、災難、偶然
□ **explode** [iksplóud]	動 爆発する
□ **injure** [índʒər]	動 怪我をさせる、痛める
□ **close** [klóus]	形 接近した、親密な 動 [klóuz] 閉じる、閉鎖する

①Earthquakes and other **disasters** give rise to huge tragedies.
②They cannot be blamed on any specific **accident**, and occur without warning.
③Sometimes nature seems to **explode** with pent-up energy.
④They kill and **injure** huge numbers of people.
⑤They also place people in situations that are **close** to panick.
⑥The fortunate survivors must quickly find places to **shelter**.
⑦Stricken areas tend to get **isolated** from other regions, and this prevents assistance.
⑧Every member of the community is expected to **contribute** to a swift recovery.
⑨The people who selfishly ignore this call for help **poison** the atmosphere.
⑩And **wounds** like this remain in people's memories for many years.

□ **shelter** [ʃéltər]	名 避難所　動 避難する
□ **isolate** [áisəlèit]	動 孤立させる、隔離する
□ **contribute** [kəntríbjuːt]	動 貢献する、寄付する
□ **poison** [pɔ́izən]	名 毒、弊害　動 害する
□ **wound** [wúːnd]	名 傷、けが、痛手　動 傷つける

PART 6　学習進捗状況チェック表

No	タイトル	単語		英作文		解釈	
51	ブラックジャック						
52	眼の手術						
53	病気とケア						
54	児童虐待						
55	家庭内暴力						
56	認知症の話						
57	遺産争い						
58	カード犯罪						
59	自動車と事故						
60	地震と被災者						

PART 6「マスター度」チェック

次の3単語が、どのストーリーのどんな文の中に出てきたか、思い出してください。3単語とも思い出せた方は、見事に PART 6をマスターしておられます。

① operation　② violence　③ agent

⇨答えは、それぞれ次のページでお確かめください。
①131ページ　②139ページ　③145ページ

PART 7

人生

*

61 子供と世界

62 思春期の悩み

63 女性の役割

64 家事時間の減少

65 持ち家

66 日常からの逸脱

67 熟年離婚

68 高齢化社会

69 退職後の生活

70 退職後の余暇

61 子供と世界

①赤ん坊はすぐに自分と母親の関係(relation)を学ぶ。
②幼児は両親を信じるより他しかたない(have no alternative but)。
③次に、自分の兄弟や姉妹との関係(connections)を作ることを学ぶ。
④子供は導かれて(be induced to)、ゆっくりと外の世界がわかってくる。
⑤他の子供たちとのつながり(links)を作ると、知識が格段に増える。
⑥子供は友達を即座に作る能力を持っているものである(tend to)。
⑦交友関係を保つ(maintain)のに必要な社会的な技術も身につけている。
⑧そして大きくなるにつれて、だんだんと(gradually)視野を広げていく。
⑨小さなグループから大きなグループへと注意を移していく(shift)。
⑩人間(human race)社会の一員であることに気づき始めるのだ。

□ **relation** [riléiʃən]	名 関係、親類
□ **alternative** [ɔːltə́ːnətiv]	形 代わりの、二者択一の 名 代わりのもの
□ **connection** [kənékʃən]	名 関係、(列車などの)連絡
□ **induce** [indjúːs]	動 誘う、説いて~させる、引き起こす
□ **link** [líŋk]	名 輪、関連　動 連結する

①Babies soon learn the **relation** between themselves and their mothers.

②Infants have no **alternative** but to trust their parents.

③Next, they learn to establish **connections** with their brothers and sisters.

④Slowly, they are **induced** to appreciate the outside world.

⑤As they establish **links** with other children, their knowledge blossoms.

⑥Children **tend** to have the ability to make friends instantaneously.

⑦They also have the required social skills to **maintain** friendships.

⑧And as they grow, they **gradually** expand their horizons.

⑨They **shift** their attention from small groups to larger groups.

⑩They become aware that they are members of the **human** race.

□ **tend** [ténd]	動 ～しがちである、よく～する
□ **maintain** [meintéin]	動 維持する、養う
□ **gradually** [grǽdʒuəli]	副 徐々に、だんだんと
□ **shift** [ʃíft]	動 移す、取り替える 名 変化、交替
□ **human** [hjú:mən]	形 人間の、人間らしい

62 思春期の悩み

①思春期に若者はさまざまな悩みに苦しむ(suffer)ことがある。
②いつも頭がいっぱいになる(occupy)問題を抱えている。
③誰かから侮辱され(be insulted)、不愉快な思いをするかもしれない。
④もしくは何か悪いことをしてしまったと後悔する(regret)かもしれない。
⑤一番怖れていること(dread)は、友達の人気を失うことだ。
⑥若い時には、仲間はずれになることは恐怖(terror)だ。
⑦問題を大人と話し合うという考えは、彼らを恐怖(horror)させる。
⑧大人に反抗するほうを好み、悲しみは他の方法で紛らわす(drown)。
⑨若者はさまざまな誘惑にさらされている(be exposed)。
⑩誘惑のほとんどは、忍耐力のない(impatient)若者を手玉にとる大人たちによってもたらされる。

□ **suffer** [sʌ́fər]	動 (苦痛を)受ける、こうむる
□ **occupy** [ákjupài]	動 占領する、従事させる
□ **insult** [insʌ́lt]	動 侮辱する、はずかしめる 名 侮辱
□ **regret** [rigrét]	動 後悔する、残念に思う 名 後悔
□ **dread** [dréd]	名 恐怖、恐ろしいもの　動 恐れる

①Young people **suffer** from the various worries of adolescence.
②They always have some problem to **occupy** their minds.
③This could be that they have been **insulted** by somebody.
④Or they may be **regretting** having done something bad.
⑤Their biggest **dread** is that they are losing popularity with their friends.
⑥To be outside the circle when you are young is a form of **terror**.
⑦The idea of discussing their problems with adults fills them with **horror**.
⑧They prefer to rebel against adults and **drown** their sorrows in other ways.
⑨They are **exposed** to various temptations.
⑩Most of which are provided by adults exploiting these **impatient** young people.

□ **terror** [térər]	名 恐怖、大変な厄介
□ **horror** [hɔ́ːrər]	名 恐怖、嫌悪
□ **drown** [dráun]	動 おぼれる、おぼれさせる
□ **expose** [ikspóuz]	動 さらす、暴露する、陳列する
□ **impatient** [impéiʃənt]	形 忍耐力のない、欲しくてたまらない

63 女性の役割

①いまだに女性の役割について無知(ignorance)な考え方が多い。
②女性は家庭に入るべきだと信じたがる(be likely to)男性は珍しくない。
③この無邪気(purity)な思い込みを捨てるのは、ある人々には難しいことだ。
④女性は純潔(innocent)を保ち、一般社会に出て堕落させてはいけないと思っている。
⑤しかし、これは錯覚(illusion)に過ぎない。
⑥その気持ちを詳しく分析してみると、単に先入観(prejudice)を持っているに過ぎないことに気づくだろう。
⑦女性が男性と同様に有能だと言われると、彼らは嫉妬(envy)の感すらいだきかねない。
⑧しかし、彼らは男性だけが絶対的な(absolute)権力を持つべきだという考えに固執しているのだ。
⑨この考え方は今日の社会ではゆゆしき(serious)問題である。
⑩それは、古い考えを乗り越えることが、男性は女性よりも難しいことを示している(reveal)。

□ **ignorance** [ígnərəns]	名 無知、無学
□ **likely** [láikli]	形 ~しそうな、ありそうな
□ **purity** [pjúəriti]	名 純粋、潔白
□ **innocent** [ínəsənt]	形 罪の無い、無邪気な
□ **illusion** [ilúːʒən]	名 幻想、錯覚

①There is still a lot of **ignorance** prevalent about the role of women.
②Men who are **likely** to believe that women belong in the house are not uncommon.
③The **purity** of this concept is difficult to abandon for some people.
④They feel that women should remain **innocent** and uncorrupted by general society.
⑤But this is only an **illusion**.
⑥If they examined their feelings closely, they would find that they are just **prejudiced**.
⑦They probably even feel a touch of **envy** that woman are as capable as men.
⑧But they stick to their idea that only men should have **absolute** power.
⑨This thought-process is a **serious** problem in today's society.
⑩It **reveals** that men have much more trouble than women overcoming their past.

□ **prejudice** [prédʒudis]	名 偏見、先入観 動 先入観を持たせる
□ **envy** [énvi]	動 うらやむ、ねたむ　名 ねたみ
□ **absolute** [ǽbsəlù:t]	形 絶対的な、専制の、完全な
□ **serious** [síəriəs]	形 まじめな、重大な
□ **reveal** [riví:l]	動 明らかにする、暴露する、示す

64 家事時間の減少

①平均的な(average)主婦の家事時間の調査がある。
②その結果、それは過去数十年(decades)で大きく減少したことがわかった。
③およそ4分の1(quarter)に減った、という指摘もあった。
④家事に費やす時間が最小限(minimum)になったからといって、やり残した仕事が出るということではない。
⑤昨今、時間を節約するための電気製品は驚く(astonishing)ほどたくさん売られている。
⑥そして現代の主婦たちは、これらの機器を最大限(maximum)利用するのがうまい。
⑦通常の冷蔵庫には、一週間は十分にまかなえる食料が入る(contain)。
⑧冷蔵庫が空っぽ(empty)になった時は、宅配サービスが利用できる。
⑨自由な時間をもっと欲しいという願望が、膨大な(huge)数の便利な道具を生み出した。
⑩そしてこれらの道具を上手に使うことによって、我々は時間を思い通りに使うことを許さ(permit)れるのだ。

□ **average** [ǽvəridʒ]	名 平均、標準　形 平均の、普通の
□ **decade** [dékeid]	名 10年、10個1組
□ **quarter** [kwɔ́ːrtər]	名 4分の1、15分
□ **minimum** [míniməm]	名 最小限　形 最小〔最低〕限の
□ **astonish** [əstɑ́niʃ]	動 驚かす、びっくりさせる、(astonishing で) 驚くばかりの

①A survey was carried out on the time an **average** housewife spends on housework.
②Results showed that it has decreased greatly over the past several **decades**.
③There were also indications that it has decreased to about a **quarter**.
④But a **minimum** amount of time spent on housework does not mean the chores don't get done.
⑤The number of time-saving appliances now available is **astonishing**.
⑥And modern housewives are adept at using these devices to their **maximum**.
⑦An average refrigerator **contains** enough food to last for one week.
⑧And delivery services are available for when it becomes **empty**.
⑨Our desire for more free time has produced a **huge** number of convenient tools.
⑩And the correct use of these tools **permits** us to spend our time as we want.

□ **maximum** [mǽksiməm]	名 最大限、最大　形 最大限の、最高の
□ **contain** [kəntéin]	動 含む、収容する
□ **empty** [émpti]	形 空の、中身のない
□ **huge** [hjúːdʒ]	形 巨大な、ばく大な
□ **permit** [pərmít]	動 許可する、〜させておく 名 許可、免許

65 持ち家

①持ち家を所有する利点(benefits)には、疑問の余地がある。

②持ち家の所有に踏み切る人は、重い負債(debt)を背負い込む。

③それゆえに、若い人たちが躊躇する(hesitate)のはきわめて自然である。

④しかしながら、持ち家を持つ利点(advantage)のひとつは、それが提供する投資面にある。

⑤人生の先(ahead)を考える時、将来に向けての安心はとても重要である。

⑥持ち家を持つということは安心感を作り出して(produce)くれる。

⑦無論、財産を所有することの不利な点(disadvantages)を見落としてはならないが。

⑧多くの資金(capital)を動かせなくするだけでなく、将来の維持費も馬鹿にならない。

⑨しかし、利点と比べれば持ち家の不利な点はわずか(slight)である。

⑩家族に家を供給するために懸命に働くのは、決して無駄(in vain)にはなるまい。

□ **benefit** [bénəfìt]	名 利益、恩恵
□ **debt** [dét]	名 借金、負債
□ **hesitate** [hézitèit]	動 躊躇する、口ごもる
□ **advantage** [ədvǽntidʒ]	名 有利、利益
□ **ahead** [əhéd]	副 前方に、進む先に

①The **benefits** of owning one's own home are questionable.
②People who take this step burden themselves with a heavy **debt**.
③It is therefore quite natural for young people to **hesitate**.
④One **advantage** to owning a home, however, is the investment it provides.
⑤Security for the future is very important when thinking **ahead** in life.
⑥Owning one's own home has the ability to **produce** a sense of security.
⑦Of course, one must not overlook the **disadvantages** of owning property.
⑧Not only does it tie up a lot of **capital**, but future maintenance is expensive.
⑨But the disadvantages of ownership are **slight** in comparison with the advantages.
⑩Working hard to provide your family with a home is never in **vain**.

□ **produce** [prədʒúːs]	動 生産する、製造する
□ **disadvantage** [dìsədvǽntidʒ]	名 不利、不利益
□ **capital** [kǽpitəl]	名 首都、大文字、資本 形 主要な、大文字の
□ **slight** [sláit]	形 わずかな、細い
□ **vain** [véin]	形 無駄な、空虚な

66 日常からの逸脱

①日常生活の中に特別な出来事(events)がないと退屈してくるのが、人の常である。
②平穏無事なありきたりの(ordinary)生き方をしていると、他に刺激を求めるようになる。
③ある人たちは登山のような多少の危険を伴う状況(situations)を好んで求める。
④他のある人たちは、冒険を求めて不倫(extramarital affairs)する。
⑤あなたの好みが何であれ、自らの安全を危険にさらす決断は本人自身の(personal)ものだ。
⑥人は事件(incidents)に巻き込まれるまで、平和な生活がどんなに大切か気づかない。
⑦手遅れになるまで、彼らには危険が潜む場所(scope)が見えない。
⑧その時になってようやく自分たちがどんなにひどい(awful)間違いをしでかしたか気づく。
⑨彼らはおびえ(frightened)始め、昔に戻りたいと思う。
⑩しかし多くの人にとって、後戻りはできないという事実は避け難い(inevitable)運命なのだ。

□ **event** [ivént]	名 出来事、行事
□ **ordinary** [ɔ́ːrdinèri]	形 普通の、平凡な
□ **situation** [sìtʃuéiʃən]	名 情勢、位置
□ **affair** [əféər]	名 事柄、出来事、業務
□ **personal** [pə́ːrsənəl]	形 個人の、個人的な、本人の

①It is human nature to become bored at a lack of **events** in everyday life.
②Uneventful and **ordinary** lifestyles force us to look for stimulation elsewhere.
③Some people seek out **situations** that offer a touch of danger, like mountain climbing.
④Other people seek their risks in extramarital **affairs**.
⑤Whatever your preference, the decision to risk your security is a **personal** one.
⑥People don't realize how important peaceful lives are until they become involved in **incidents**.
⑦The **scope** of the potential danger is not apparent to them until it is too late.
⑧It is only then that they realize what an **awful** mistake they have made.
⑨They become **frightened** and yearn to return to the old days.
⑩But for many, the fact that there is no return is their **inevitable** fate.

□ **incident** [ínsidənt]	名 出来事、事件
□ **scope** [skóup]	名 範囲、視野
□ **awful** [ɔ́:fəl]	形 恐ろしい、ひどい
□ **frighten** [fráitən]	動 びっくりさせる、怖がらせる
□ **inevitable** [inévitəbl]	形 避けられない、必然の

67 熟年離婚

①熟年で離婚を希望する(request)人が増えている。
②離婚の請求(claims)はほとんどの場合、夫が退職した後に女性によって申し立てられる。
③ほとんどの人は、自由を失ったと気づくまでは離婚しよう(intend to)とは思わない。
④夫が働いていた時は、彼女たちはやりたい(desire)ことは何でもできた。
⑤そして、突然自由が少なくなって不機嫌(get annoyed)になっている自分に気づく。
⑥夫たちは、状況の深刻さから目をそらす(avoid)ことによって、かえって問題を悪化させる。
⑦極端な(extreme)例では、問題が暴力に発展することもある。
⑧離婚のきっかけは日常的なちょっとした喧嘩(quarrels)から始まる。
⑨これが結婚生活をする上で、互いに許したり(forgive)、忘れたりできない緊張を生む。
⑩状況がこの段階に来ると、離婚という絶望(despair)的な事態は秒読み段階である。

□ **request** [rikwést]	動 要請する、懇願する 名 要請、依頼
□ **claim** [kléim]	動 主張する、要求する 名 主張、要求
□ **intend** [inténd]	動 意図する、~するつもりだ
□ **desire** [dizáiə*r*]	動 望む、欲する 名 欲望
□ **annoy** [ənɔ́i]	動 困らせる、悩ます

①The number of **requests** for divorce among elder people is on the increase.
②**Claims** are mostly filed by women after their husbands have retired.
③Most never **intend** to get divorced until they realize their freedom is gone.
④When their husbands were working, they could do anything they **desired**.
⑤And suddenly they find themselves getting **annoyed** at the curtailment of their freedom.
⑥The husbands compound the problem by **avoiding** the seriousness of the situation.
⑦In **extreme** cases, the problem can lead onto violence.
⑧The first idea of divorce comes when **quarrels** occur on a daily basis.
⑨This places strains on the marriage that neither partner can **forgive** or forget.
⑩When the situation reaches this stage, the **despair** of divorce is just around the corner.

□ **avoid** [əvɔ́id]	動 避ける、無効にする
□ **extreme** [ikstríːm]	形 極端な、過激な 名 極端、過度
□ **quarrel** [kwɔ́ːrəl]	名 口喧嘩、仲たがい 動 口論する
□ **forgive** [fərgív]	動 許す
□ **despair** [dispéər]	名 絶望、落胆

68 高齢化社会

①急速な高齢化社会は若者に重い税(tax)負担をかけている。
②この負担のために、多くの世帯(households)では、子供をひとり以上持てないようになりつつある。
③これ以上子供を養う経済的な余裕がない(cannot afford)ことが問題なのだ。
④その上、将来はさらに多くの税金を課せられ(be charged)そうだ。
⑤40歳以上の全員から介護保険料が徴収され(be collected)ている。
⑥その上、政府は10%の消費税を課す(impose)ことを検討中である。
⑦このような金額(amount)が実際に徴収されるとすれば、平均的な市民の手元に残る金額はさらに減少するだろう。
⑧出生率の低下は労働(labor)問題も引き起こしている。
⑨労働力の不足は、海外からの労働者を雇用しなくてはならない(must be engaged)ことを意味する。
⑩海外から一時的に入国している外国人が、すべての職業(professions)で雇われるという事態が、もうすぐ現実化するだろう。

□ **tax** [tǽks]	名 税、税金　動 課税する
□ **household** [háushòuld]	名 家庭、家族(全員)、世帯 形 家庭の、家事の
□ **afford** [əfɔ́ːrd]	動 余裕がある、～することができる
□ **charge** [tʃɑ́ːrdʒ]	動 請求する、責任を負わせる 名 料金、責任
□ **collect** [kəlékt]	動 収集する、徴収する

①The rapid aging of society is placing a heavy **tax** burden on young people.
②This burden is preventing most **households** from having more than one child.
③The problem is that they cannot **afford** more children.
④And it appears that they will be **charged** even more tax in the future.
⑤Nursing care premiums are **collected** from everybody over forty.
⑥And the government is considering **imposing** a 10% consumption tax.
⑦The **amount** involved here will leave even less money for the average citizen.
⑧The falling birthrate is also causing **labor** problems.
⑨The shortage of workers means that overseas workers must be **engaged**.
⑩It may soon be true that overseas visitors are employed in all **professions**.

□ **impose** [impóuz]	動 課す、無理に押し付ける
□ **amount** [əmáunt]	名 総額、量　動 総計～となる
□ **labor** [léibər]	名 労働(力)、仕事　動 労働する、努力する
□ **engage** [ingéidʒ]	動 従事させる、引きつける、婚約させる
□ **profession** [prəféʃən]	名 職業、公言

69 退職後の生活

①ほとんどの人が直面する中高年世代の最大の危機は、退職(retire)を余儀なくさせられることだ。
②一方ではそれを前向きに捉えて、自主(voluntary)退職を受け入れる向きもある。
③退職は辞職(resigning)と同じではないが、喜ばしくない気持ちは一緒だ。
④多くの場合配偶者の了承(approval)を得ることは難しい。
⑤このため、多くの人は退職後も仕事(assignments)を探すことを強いられていると感じる。
⑥収入を心配する(worry)だけでなく、あまりにも余暇の時間が多いことも心配の種である。
⑦毎日公園をぶらぶらする(wander)という考えも悪くはないが、実情は違う。
⑧ほとんどの自治体はこのような危機に瀕した人たちを、めったに手助け(support)しない。
⑨多くの場合自分の力で生き延びていく(survive)よう、放置されている。
⑩多くの人は別の働き口を得なくてはならないと感じている。そうしないと(otherwise)、人生の終局に直面することになるのだ。

□ **retire** [ritáiər]	動 退職する、引退する
□ **voluntary** [vɑ́ləntèri]	形 自発的な、志願の
□ **resign** [rizáin]	動 辞職する、辞める
□ **approval** [əprúːvəl]	名 承認、賛成
□ **assignment** [əsáinmənt]	名 宿題、課題、割り当て

①The biggest middle-age crisis most people face is being forced to **retire**.
②On the other hand, some people look forward to it and accept **voluntary** retirement.
③Although retiring is not the same as **resigning**, it contains the same stigma.
④In many situations it is difficult to obtain the **approval** of a spouse.
⑤Because of this, many people feel obliged to seek **assignments** after retirement.
⑥Not only do they **worry** about income, but also too much leisure on their hands.
⑦The thought of **wandering** through parks everyday is nice, but the reality is different.
⑧Most local governments provide very little **support** for people facing this crisis.
⑨In many cases they are left to **survive** on their own.
⑩Many feel that they must get other jobs, **otherwise** they are facing the beginning of the end.

□	**worry** [wə́ːri]	動 心配する、悩ませる
□	**wander** [wɑ́ndər]	動 歩き回る、さまよう
□	**support** [səpɔ́ːrt]	動 支える、養う 名 支持
□	**survive** [sərváiv]	動 生き残る、あとまで残る
□	**otherwise** [ʌ́ðərwàiz]	副 別のやり方で、さもなければ

70 退職後の余暇

①多くの人が退職後の余暇(leisure)をどのように過ごすべきか困っている。
②彼らはそれまで、個人的に何を楽しむ(delight)か考える必要が全くなかった。
③彼らはあまりにも多くの年月を仕事に没頭して(pursue)きたので、物事を楽しむということを忘れてしまった。
④私はいつも女性と比べて男性はほとんど趣味がないということに驚かされる(be amazed)。
⑤趣味は私たちに計り知れない喜び(pleasure)を与えてくれるものだ。
⑥生涯学習のクラスは最近、高い人気(popularity)を誇っている。
⑦クラス活動参加(participating)は心地よい郷愁を生じさせる。
⑧また、私たちがいつも得たいと思ってきた技能を提供してくれる(provide)。
⑨人間は学習という行為の中にも楽しみ(entertainment)を見つけるという点でユニークである。
⑩そしてあちこちにある近ごろの(modern)カルチャーセンターのお陰で、学ぶ施設にはこと欠かない。

- □ **leisure** [líːʒər] 名 余暇、自由行動
- □ **delight** [diláit] 名 喜び、楽しみ 動 うれしがらせる
- □ **pursue** [pərsjúː] 動 追い求める、追跡する
- □ **amaze** [əméiz] 動 びっくりさせる、驚嘆させる
- □ **pleasure** [pléʒər] 名 喜び、楽しいこと

①A lot of people have trouble deciding how to use their **leisure** time after retirement.
②They have never had to think what **delights** them personally up until then.
③They have spent so many years **pursuing** their careers, that they've forgotten how to enjoy things.
④I am always **amazed** at how few hobbies men have in comparison to women.
⑤Hobbies have the ability to provide us with immense **pleasure**.
⑥Adult education classes are currently enjoying high **popularity**.
⑦**Participating** in classroom activities generates a pleasant feeling of nostalgia.
⑧They also **provide** us with skills that we've always wanted to have.
⑨Humans are unique in finding **entertainment** in the act of studying.
⑩And with **modern** culture centers on every street corner, there is no shortage of facilities.

□ **popularity** [pɑ̀pjulǽriti]	名 人気、流行、評判
□ **participate** [pɑːrtísipèit]	動 参加する、加わる
□ **provide** [prəváid]	動 提供する、備える
□ **entertainment** [èntərtéinmənt]	名 もてなし、娯楽
□ **modern** [mɑ́dərn]	形 現代の、現代的な　名 現代人

PART 7　学習進捗状況チェック表

No	タイトル	単語		英作文		解釈	
61	子供と世界						
62	思春期の悩み						
63	女性の役割						
64	家事時間の減少						
65	持ち家						
66	日常からの逸脱						
67	熟年離婚						
68	高齢化社会						
69	退職後の生活						
70	退職後の余暇						

PART 7「マスター度」チェック

次の3単語が、どのストーリーのどんな文の中に出てきたか、思い出してください。3単語とも思い出せた方は、見事に PART 7をマスターしておられます。

①illusion　②quarrel　③voluntary

⇨答えは、それぞれ次のページでお確かめください。
①157ページ　②165ページ　③169ページ

PART 8

余暇

*

71 ガーデニング

①私は小さな庭のある家に住んでいる(dwell)。
②私は天気(weather)が良い日はいつも庭に出る。
③ガーデニングはかなり(fairly)デリケートな趣味だ。
④葉や花が芽吹くためには適温(temperatures)が必要だ。
⑤雨と太陽の(solar)熱の両方が必要だ。
⑥だが、ある種の植物は日陰(shade)を好む。
⑦庭をきれいにするには継続した(continued)努力を要する。
⑧ひとたび放置されると、ひどく(horrible)乱雑な状態になるのにそれほど時間はかからない。
⑨私はいつも庭が私の努力に対して、酸素(oxygen)で報いてくれているという印象を受ける。
⑩しかし、成長のサイクル(cycle)を理解するには何年もかかるので、私はまだまだ素人なのだ。

□ **dwell** [dwél]	動 住む
□ **weather** [wéðər]	名 天気
□ **fairly** [féərli]	副 かなり、公正に、公平に
□ **temperature** [témpərətʃər]	名 温度、体温
□ **solar** [sóulər]	形 太陽の、太陽光線を利用した

①I **dwell** in a house with a small garden.
②I always go out into the garden when the **weather** is good.
③Gardening is a **fairly** delicate hobby.
④Suitable **temperatures** are necessary for the leaves and flowers to bud.
⑤Both rain and **solar** heat are necessary.
⑥However, certain plants prefer to grow in the **shade**.
⑦Gardens require **continued** effort to make them beautiful.
⑧It doesn't take long for things to get into a **horrible** mess when neglected.
⑨I always get the impression that the garden is rewarding my efforts with **oxygen**.
⑩But it takes many years to understand the **cycle** of growth, so I am still an amateur.

□ **shade** [ʃéid]	名 陰、日陰、(濃淡の)色合い
□ **continue** [kəntínjuː]	動 継続する、続ける
□ **horrible** [hɔ́ːrəbl]	形 恐ろしい、ひどく不快な
□ **oxygen** [ɑ́ksidʒən]	名 酸素
□ **cycle** [sáikl]	名 周期、循環

72 旅を楽しむ

①旅(journeys)はすごく楽しいし、心が踊る。
②人々は出発(departure)の日を心待ちにする。
③彼らは旅先(destination)に関するあらゆるものを読み、観光の予定を組む。
④しかし時には、特に計画もなくあてもなく歩き回る(drift around)のも素敵だ。
⑤地図さえ持てば(equip oneself with)、どこへでも自由に行ける。
⑥しかし、気候にあった適切な(suitable)服装を忘れてはいけない。
⑦地元の交通機関(transport)を使うのもまた冒険だろう。
⑧行きたいところまで電車や船や飛行機の旅(passage)を予約してもいい。
⑨気に入ったなら、そこでの滞在予定を延長(extend)するのもよかろう。
⑩次の目的地への出発を延期(postpone)しても全く問題ないのだから。

□ **journey** [dʒə́ːrni]	名 旅行
□ **departure** [dipɑ́ːrtʃər]	名 出発
□ **destination** [dèstinéiʃən]	名 目的地、あて先
□ **drift** [dríft]	動 漂う、流される 名 漂流
□ **equip** [ikwíp]	動 装備する、身支度させる

①**Journeys** are really fun and exciting.
②People look forward to their **departure** date with eager anticipation.
③They read all about their **destination** and work out plans for sightseeing.
④But sometimes, it is nice to just **drift** around with no special plan.
⑤As long as you **equip** yourself with a map, you are free to go anywhere.
⑥But you must not forget **suitable** clothing that matches the climate.
⑦Using local **transport** can also be an adventure.
⑧You can book **passage** on trains, boats and airplanes to anywhere you want.
⑨Or you can **extend** your stay in one location if you like it.
⑩**Postponing** your departure to the next destination is no problem at all.

□ **suitable** [súːtəbl]	形 適当な、～に適した
□ **transport** [trænspɔ́ːrt]	動 輸送する、追放する　名 輸送
□ **passage** [pǽsidʒ]	名 通行、通路、長期旅行
□ **extend** [iksténd]	動 伸ばす、延長する
□ **postpone** [pous*t*póun]	動 延期する、遅らせる

73 外国での生活

①多くの人は外国に(overseas)行くとホームシックを経験する。
②誰もそのはっきりとした(specific)原因を説明することはできない。
③しかし、遠く離れた(remote)地で孤独を感じることが原因の大半である。
④異なった生活感や文化は彼らに大きな影響(influence)を与える。
⑤そして考え方の違いに気づいたことの影響(impact)で、かなり落ち込む。
⑥第一印象(impressions)は特に記憶に残る。
⑦しかし通常、第一印象は先入観をそのまま表出(represent)したものだ。
⑧長く住めば住むほど、途方もない(incredible)数の現地の習慣をより深く理解するようになる。
⑨大問題のひとつは食べ物の味(taste)に慣れることだ。
⑩しかしほとんどの場合、海外生活は好ましい効果(effect)があるということは覚えておく価値がある。

□ **overseas** [òuvərsíːz]	形 海外の、外国の　副 海外に
□ **specific** [spəsífik]	形 特定の、具体的な
□ **remote** [rimóut]	形 遠く離れた、へんぴな
□ **influence** [ínfluəns]	名 影響、感化　動 影響する、感化を与える
□ **impact** [ímpækt]	名 衝撃、影響

①A lot of people experience homesickness when they go **overseas**.
②Nobody can put a cause to the **specific** reason for this.
③But mostly it is down to feelings of solitude when in **remote** places.
④Different lifestyles and cultures have great **influence** over them.
⑤And the **impact** of realizing that people think differently is quite overpowering.
⑥First **impressions** are especially memorable.
⑦But first impressions usually only **represent** preconceived expectations.
⑧The longer you stay, the more you understand the **incredible** number of customs.
⑨One of the biggest problems is getting used to the **taste** of the food.
⑩But it is worth remembering that in most cases overseas life has a favorable **effect**.

□ **impression** [impréʃən]	名 印象、感動
□ **represent** [rèprizént]	動 代表する、表す、描く
□ **incredible** [inkrédəbl]	形 信じがたい、驚くべき
□ **taste** [téist]	名 味、趣味　動 味わう、〜の味がする
□ **effect** [ifékt]	名 効果、影響

74 話し上手

①会話(conversation)術の授業をする学校がある。
②このコースをとる人は話術(verbal skills)を向上させたがっている。
③その目的は高尚な(sophisticate)話し手になることではない。
④大事な(vital)会話をもう少したやすく行ないたいと思っているだけだ。
⑤上手に話す人は頭がいい(smart)と見なされるのが普通だ。
⑥人々はこういう人には好意的に対応し、尊敬の念をもって遇する(treat)。
⑦しかし、口べたな人にも敬意は払われるべきである。特に誠実に(sincerely)話している時には。
⑧残念なことに、このような人は普通笑い(amusement)のネタにされる。
⑨人が見かけのみで判断される都会(urban areas)では、これは大きな問題になってきている。
⑩人の心をかき乱して(upset)も、もはや誰もそれを気にかけたりしないだろう。

□ **conversation** [kɑ̀nvərséiʃən]	形 会話、対話
□ **verbal** [və́ːrbəl]	形 言葉の、口頭の
□ **sophisticate** [səfístikéit]	動 洗練させる、精巧にする
□ **vital** [váitəl]	形 生命の、不可欠の、命にかかわる
□ **smart** [smɑ́ːrt]	形 利口な、機敏な

①There are schools that provide lessons in the art of **conversation**.
②Most people who take these courses want to improve their **verbal** skills.
③Their aim is not to become **sophisticated** speakers.
④They just want to be able to handle **vital** communications with more ease.
⑤People who speak well are usually considered to be **smart**.
⑥Society reacts favorably to these people and **treats** them with respect.
⑦But even unskillful speakers should be shown respect, especially if they speak **sincerely**.
⑧Unfortunately, these people regularly become items of **amusement**.
⑨It is a growing problem in **urban** areas, where people are judged on appearance alone.
⑩Nobody seems to care when they **upset** people anymore.

□ **treat** [tríːt]	動 扱う、～とみなす　名 おごり、嬉しいこと
□ **sincerely** [sinsíərli]	副 心から、誠実に
□ **amusement** [əmjúːzmənt]	名 娯楽、おかしさ
□ **urban** [ə́ːrbən]	形 都市の、都会の
□ **upset** [ʌpsét]	動 ひっくり返す、ろうばいさせる 形 気が動転している

75 人と人の距離

①ある学者が、人々が互いの間におく距離(distance)がどんどん広がってきていることに気づいた。
②彼はこの傾向をひとりで独立していたいという叫び声だと考えている(regard)。
③人々は類似点よりも相違点(differences)に気づきがちである。
④この分野における彼の研究は注目に値する(considerable)。
⑤彼はこの変化はさまざまな(a variety of)理由で引き起こされたと考えている。
⑥３年間の休止期間(interval)を除いて、彼はずっとそれだけを研究し続けてきた。
⑦彼は人々が欲しがる明確な(precise)空間が広がってきていることに気づいた。
⑧ほとんどの人たちは気づいていない(not conscious)が、今や私たちは以前よりも大きな空間を必要としている。
⑨唯一の例外(exceptions)は親しい知人たちだ。
⑩しかしながら、その距離感はとても微妙(subtle)である。

□	**distance** [dístəns]	名 距離、遠方
□	**regard** [rigɑ́ːrd]	動 ～だと考える、注意を払う 名 尊敬、配慮
□	**difference** [dífərəns]	名 相違、差
□	**considerable** [kənsídərəbl]	形 かなりの、考慮に値する
□	**variety** [vəráiəti]	名 多様性、種類

①A certain scholar noticed that people are placing more and more **distance** between each other.

②He **regards** this trend as a cry for independence.

③People would rather have their **differences** than their similarities noted.

④His research in this field is **considerable**.

⑤He believes this change is caused by a **variety** of reasons.

⑥Apart from an **interval** of three years, he has been studying it all of his career.

⑦He discovered that the **precise** amount of space people require is expanding.

⑧Although most of us are not **conscious** of this, we now need more space than our predecessors.

⑨The only **exceptions** to this rule are close acquaintances.

⑩Although, the distance involved is very **subtle**.

□ **interval** [íntərvəl]	名 間隔、距離
□ **precise** [prisáis]	形 正確な、精密な
□ **conscious** [kɑ́nʃəs]	形 意識のある、気づいている
□ **exception** [iksépʃən]	名 例外、異議
□ **subtle** [sʌ́tl]	形 微妙な、鋭い

76 有名人への盲目的崇拝

①社会的に高い地位にいる人に敬意を払う(honor)のは自然なことだ。
②自分に自信(confidence)がある人にとっては当たり前のことである。
③成功して自信がある人は、ある種の(certain)オーラを発する。
④しかし、いつもそういう人をあがめる(worship)ことは正しいとは限らないことを忘れてはならない。
⑤彼らが良いことをした時は賞賛しても(praise)かまわない。
⑥しかし自尊心を忘れず(retain)、彼らをあがめたてることを避けることもまた肝要である。
⑦人々の注目を得ようと競い合っている(compete for)有名人を盲目的に賛美するのはたやすい。
⑧だが、彼らはその行ないによってのみ尊敬(respect)されるべき(due)である。
⑨有名人にへつらう人は、愚かで見苦しい(ugly)。

□ **honor** [ɑ́nər]	名 敬意、名誉　動 敬意を表す
□ **confidence** [kɑ́nfidəns]	名 信頼、自信
□ **certain** [sə́ːrtən]	形 ある～、確信している
□ **worship** [wə́ːrʃip]	動 崇拝する　名 崇拝、賛美
□ **praise** [préiz]	動 ほめる、賛美する　名 ほめること、賞賛

①It is natural to **honor** people who are in a higher social position.
②This is especially true for people who hold themselves with **confidence**.
③People who are both successful and confident exude a **certain** aura.
④But we must never forget that it is not always applicable to **worship** these people.
⑤We can **praise** them when they do good things.
⑥But it is also necessary to **retain** our own self-respect and avoid worshiping them.
⑦It is easy to show blind worship for celebrities who **compete** for your attention.
⑧But they should only be shown the **respect** they are **due** because of their deeds.
⑨People who throw themselves at the feet of celebrity appear stupid and **ugly**.

□ **retain** [ritéin]	動 保持する、保有する
□ **compete** [kəmpíːt]	動 競争する、匹敵する
□ **respect** [rispékt]	動 尊敬する、尊重する 名 尊敬、点
□ **due** [djúː]	形 当然支払われるべき、正当の
□ **ugly** [ʌ́gli]	形 醜い、不快な

77 与えられた名誉

①偉業を達成した人がほうびを受ける(be awarded)のはきわめて自然なことである。
②ある場合には、偉大さは金銭的な利益で報われる(be rewarded)。
③他の場合には、偉大さに対してはプレゼント(presents)が降り注ぐほど贈られる。
④感謝の賞状だけが届けられる(be delivered)場合もある。
⑤ある人々が賞金と名誉を受けるに値する(deserve)ことに、大部分の人は同意するだろう。
⑥逆に英雄がいないこと(absence)は、我々の士気を低下させがちである。
⑦名誉の授与の申し出(offer)を受け入れる(receive)のを断る人もいる。
⑧自分が名誉を受けるには値しないと考えて辞退する(decline)人も、中にはいる。
⑨しかし多くの人は、与えられる名誉が取るに足らない(trivial)と感じて辞退するのだ。

□ **award** [əwɔ́ːrd]	名 賞、賞品　動 授与する
□ **reward** [riwɔ́ːrd]	名 報い、ほうび　動 報いる、ほうびを与える
□ **present** [prézənt]	名 現在、贈り物　形 出席している、現在の
□ **deliver** [dilívər]	動 配達する、述べる
□ **deserve** [dizə́ːrv]	動 ～に値する、価値がある

①It is quite natural for prizes to be **awarded** to people who achieve greatness.

②In certain cases, greatness is **rewarded** with financial gain.

③In other cases, greatness is showered with **presents**.

④Sometimes, only certificates of appreciation are **delivered**.

⑤Most people will agree that certain people **deserve** prizes and honor.

⑥Conversely, an **absence** of heroes tends to make us feel depressed.

⑦Some people refuse to **receive** the **offer** of honors.

⑧A few of these **decline** them because they think they are undeserving.

⑨But most refuse them because they feel they are too **trivial**.

□ **absence** [ǽdsəns]	名 不在、欠席
□ **receive** [risíːv]	動 受け取る、受領する、こうむる
□ **offer** [ɔ́ːfər]	名 申し出　動 申し出る、提供する
□ **decline** [dikláin]	動 辞退する、断る、衰える
□ **trivial** [tríviəl]	形 取るに足りない、ささいな

78 芸能人とゴシップ

①芸能人はしばしば信じられないような騒動(sensations)を引き起こす。
②彼らを追いかけるパパラッチと呼ばれるジャーナリストは、どんなに小さなネタでも夢中で(be keen on)探し回る。
③パパラッチの主な仕事は、可能な限りゴシップを探し出す(seek out)ことだ。
④多くの場合記事はうそであり、有名人たちは同情(sympathy)に値する。
⑤このような噂に直面して平常心でいる(stay calm)のはとても難しい。
⑥彼らは感情(emotions)を率直に表に出すことを許されていない。
⑦特に売れている時には、噂に対してとても神経質(nervous)になる。
⑧人気があまりない(less popular)と、噂による被害も少ない(less damage)。
⑨しかし有名人は、マスコミに注目されたいという熱い願望(passion)も持ち合わせている。
⑩たとえ悪いニュースであっても、皆から注目を集めているという事実が慰めとなる(be comforted)のだ。

□ **sensation** [senséiʃən]	名 感覚、大評判
□ **keen** [kíːn]	形 鋭い、熱心な
□ **seek** [síːk]	動 捜す、捜し求める
□ **sympathy** [símpəθi]	名 共感、同情
□ **calm** [kɑ́ːm]	形 冷静な、落ち着いた 動 落ち着かせる、静める

①Entertainers often cause incredible **sensations**.
②The paparazzi journalists who chase them are **keen** on finding the smallest tidbits of information.
③The main job of paparazzi is to **seek** out as much gossip as possible.
④In many cases the stories are lies, and the celebrities deserve our **sympathy**.
⑤It must be very difficult for them to stay **calm** in the face of such rumors.
⑥They are not permitted to express their **emotions** frankly.
⑦They become especially **nervous** about rumors when they are popular.
⑧The **less** popular they are, the **less** damage the rumors do.
⑨But celebrities also have a **passion** for regularly appearing in the press.
⑩They are **comforted** by the fact that even bad news means they are in the public eye.

□ **emotion** [imóuʃən]	名 感情、情緒
□ **nervous** [nə́ːrvəs]	形 神経質な、心配している
□ **less** [lés]	形 より少ない　副 より少なく
□ **passion** [pǽʃən]	名 感情、熱情
□ **comfort** [kʌ́mfərt]	名 慰め、快楽　動 慰める

79 占い

①日本人は自分たちの運命(fate)にとても興味があり、占い師に見てもらう。

②自分の運勢(destinies)は生年月日やその他の要素に支配されていると信じている人が大勢いる。

③しかし、自分の将来を知ることの重荷(burden)は、時には耐え難いことがある。

④困難が来ると信じることは、苦しみ(hardships)の原因となる。

⑤自分の心から重荷(load)を取り除くために、占いに頼る人もいる。

⑥しかしながら、多くの人たちは良い知らせを受け入れる(accept)だけで、悪い知らせは無視する。

⑦これは人々が悪い知らせに対処する(cope with)のに困惑するからである。

⑧しかしながら、悪い知らせと敢えて向き合う(dare to confront)勇気のある人々が勝者なのだ。

⑨悪い運勢の時を耐える(endure)のは、良い運勢を喜ぶのと同じくらい大切なことである。

□ **fate** [féit]	名 運命、運
□ **destiny** [déstini]	名 運命、宿命
□ **burden** [bə́ːrdən]	名 重荷、荷物
□ **hardship** [hɑ́ːrdʃip]	名 困難、困窮
□ **load** [lóud]	名 荷、積載量　動 荷を積む

①Japanese people are very interested in their **fate** and patronize fortunetellers.
②A lot of people believe that their **destinies** are controlled by their birth date or other elements.
③But the **burden** of knowing your own future can sometimes be heavy.
④The belief that trouble is coming can cause **hardships**.
⑤Some people rely on fortunetelling to take a **load** off their minds.
⑥Although a lot of people only **accept** the good news, and ignore the bad.
⑦This is because people have trouble **coping** with bad news.
⑧Although, people who have the courage to **dare** to **confront** bad news are the winners.
⑨**Enduring** times of bad fortune is as important as enjoying good fortune.

□ **accept** [əksépt]	動 受け取る、受け入れる
□ **cope** [kóup]	動 うまく処理する、克服する
□ **dare** [déə*r*]	動 あえて～する、立ち向かう
□ **confront** [kənfrʌ́nt]	動 立ち向かう、直面する
□ **endure** [ind*j*úə*r*]	動 耐える、我慢する

80 地獄の功徳

①人間は、悪い行ないに子供が近づかないように警告する(warn)効果的な方法を生み出した。
②この方法は多くの文化で行なわれていて、「地獄」(hell)と呼ばれている。
③子供に何かを突然やめさせる時は、単にこの言葉を発する(utter)だけですむ。
④生まれた時から、私たちは地獄の扉を叩いた人の悲劇(tragedy)を教えられる。
⑤物語はあまりにも(so thoroughly)よく出来ているので、大人にも恐怖をもたらす。
⑥地獄の光景(aspect)で一番怖いのは悪魔の存在である。
⑦「悪魔」という言葉を口にするだけで、部屋の雰囲気(atmosphere)が凍りつく。
⑧ほとんど(scarcely any)の子供は、この怖ろしい野獣のイメージを思い出すのを避けられない。
⑨それゆえ(therefore)、地獄というものは、子供を正道につかせるのに有効なのである。
⑩子供にモラルを教えるのに怖い話を使う(resort to)のは、想像力の証しである。

□ **warn** [wɔ́ːrn]	動 警告する、予告する
□ **hell** [hél]	名 地獄、地獄のような状態
□ **utter** [ʌ́tər]	動 言う、述べる　形 完全な、まったくの
□ **tragedy** [trǽdʒədi]	名 悲劇、惨事
□ **thoroughly** [θə́ːrouli]	副 すっかり、完全に

①Man has invented an effective method of **warning** children away from bad deeds.
②This method is used in a variety of cultures, and is known as "**hell**."
③We merely have to **utter** this word to stop children in their tracks.
④From birth, we are taught of the **tragedy** of men who knock on the door of hell.
⑤Our stories have been conceived so **thoroughly** that they even strike fear in adults.
⑥The **aspect** of hell that makes it most frightening is the presence of the devil.
⑦Even the mention of the word "devil" can chill the **atmosphere** of a room.
⑧**Scarcely** any child can avoid conjuring up mental images of this awful beast.
⑨And hell, **therefore**, has the ability to keep children on the straight and narrow.
⑩**Resorting** to horror stories to teach our children morality is a sign of the power of imagination.

□ **aspect** [ǽspekt]	名 局面、外観
□ **atmosphere** [ǽtməsfìər]	名 雰囲気、大気
□ **scarcely** [skéərsli]	副 ほとんど〜ない、かろうじて
□ **therefore** [ðéərfɔ̀ːr]	副 それゆえに、したがって
□ **resort** [rizɔ́ːrt]	動 頼る、しばしば行く 名 行楽地、保養地

PART 8　学習進捗状況チェック表

No	タイトル	単語		英作文		解釈	
71	ガーデニング						
72	旅を楽しむ						
73	外国での生活						
74	話し上手						
75	人と人の距離						
76	有名人への盲目的崇拝						
77	与えられた名誉						
78	芸能人とゴシップ						
79	占い						
80	地獄の功徳						

PART 8「マスター度」チェック

次の3単語が、どのストーリーのどんな文の中に出てきたか、思い出してください。3単語とも思い出せた方は、見事に PART 8 をマスターしておられます。

① destination　② distance　③ fate

⇨答えは、それぞれ次のページでお確かめください。
①177ページ　②183ページ　③191ページ

PART 9

文化

＊

81 人間という哺乳動物

82 進化と生き物

83 生物の種

84 熱帯地方

85 南極探検

86 好きな作家

87 文学と一般人

88 翻訳の難しさ

89 ある絵画をめぐる会話

90 音楽留学

81 人間という哺乳動物

①人間はいろいろな意味でユニークな哺乳動物(mammal)である。
②人間(mankind)は道具を生み出し、発展させる能力がある。
③人間だけが自由を理解し、他の何ものよりも大切にする(cherish)。
④人間は年輩者(the elderly)を敬いたがる点でもユニークである。
⑤しかし、人間のもっとも大事な特徴は、言葉で意思疎通をはかる(communicate)能力である。
⑥我々はこの能力を持って生まれたのではなく、幼児(infants)期に学んだのである。
⑦我々は自分自身で物事が判断できるようになるまでは、周りの人をお手本にする(imitate)。
⑧しかしながら、優れたコミュニケーション能力が欠けている大人(adults)が多い。
⑨もし男性(males)が女性(females)と意思疎通ができないならば、もはや未来の世代はなくなるであろう。

□ **mammal** [mǽməl]	名 哺乳動物、哺乳類
□ **mankind** [mæ̀nkáind]	名 人類、人間
□ **cherish** [tʃériʃ]	動 大切にする、心に抱く
□ **elderly** [éldərli]	形 年配の、旧式な
□ **communicate** [kəmjúːnikèit]	動 伝達する、通信する

①Man is a unique **mammal** in various respects.
②**Mankind** has the ability to invent and develop tools.
③Only man has a clear understanding of freedom and **cherishes** it above everything else.
④Man is also unique in his desire to respect the **elderly**.
⑤But man's most important feature is his ability to **communicate** verbally.
⑥We are not born with this ability, but learn it when we are **infants**.
⑦We **imitate** the people around us until we can form decisions by ourselves.
⑧There are many **adults**, however, who lack good communication skills.
⑨If **males** cannot communicate with **females**, there will be no future generations.

□ **infant** [ínfənt]	名 幼児、児童　形 幼児の
□ **imitate** [ímitèit]	動 模倣する、似せる
□ **adult** [ədʌ́lt]	名 成人、大人
□ **male** [méil]	形 男の、男性の　名 男、雄
□ **female** [fíːmeil]	形 女の　名 雌、女性

82　進化と生き物

①進化論(evolution)は科学的に証明されている。
②人間として、我々は生命の神秘と生まれながらの(natural)美しさに驚嘆するしかない。
③やはり、私はすべての生き物(creatures)は神によって造られた(be created)のだと時々思う。
④神がすべての生き物に命を吹き込んだ(breathe)のだ。
⑤不思議な色や形や生態を持つさまざまな昆虫(insects)がいる。
⑥本能(instinct)によって生き延びている野生動物は数え切れないくらいいる。
⑦藪の中を這う(creep)ように進む野生動物の姿は素晴らしい光景だ。
⑧残念なことに、たいていの生き物の寿命は短く(brief)、すぐに終わってしまう。
⑨彼らは生き抜くために血(blood)を流さなければならず、同じことがしばしば彼ら自身の運命ともなるのだ。

□ **evolution** [èvəlúːʃən]	名 進化、発展
□ **natural** [nǽtʃərəl]	形 自然の、当然の、生まれつきの
□ **creature** [kríːtʃər]	名 生き物、動物、創造物
□ **create** [kriéit]	動 創造する、創作する
□ **breathe** [bríːð]	動 呼吸する、一息入れる

①The <u>theory</u> of **evolution** has been proven scientifically.

②As <u>humans</u>, we can only marvel at the <u>mystery</u> and **natural** beauty of life.

③Still, I occasionally think that all **creatures** were **created** by God.

④God **breathes** life into all living things.

⑤There are various **insects** with mysterious colors, shapes and behavior.

⑥There are uncountable numbers of wild animals that <u>survive</u> off their **instincts**.

⑦To watch a wild animal **creeping** through the undergrowth is an amazing <u>sight</u>.

⑧<u>Unfortunately</u>, the lives of most <u>creatures</u> are **brief** and soon over.

⑨To <u>survive</u> they must shed **blood**, and the same is often their own <u>fate</u>.

□ **insect** [ínsekt]	名 昆虫
□ **instinct** [ínstiŋkt]	名 本能、直感
□ **creep** [krí:p]	動 這う、ゆっくり進む
□ **brief** [brí:f]	形 短い、簡潔な　名 要約
□ **blood** [blʌ́d]	名 血、生命、血統

83 生物の種

①かつて未知の生き物の王国(kingdom)だった島がある。
②そこには無数の未知なる動物種(animal species)が生息していた。
③それらはさまざまな種類(categories)に分類され、研究の対象となった。
④それらは研究室の中で、遺伝学的な種ごとに分類された(be sorted)。
⑤互いにとてもよく似ていて(resemble)も、生物学的には異なることがわかった。
⑥だから明確な定義づけ(definitions)は不可能だった。
⑦それらはこの島以外(except)では、世界中のどこにも存在しなかった。
⑧他の場所に住んでいたとしても、もっと早く絶滅(extinct)していただろう。
⑨これらの生き物の代わりがありえない(can never be replaced)のが残念だ。
⑩今我々にできることは、研究目的のために彼らを異なった種に分類する(separate)ことだけだ。

□ **kingdom** [kíŋdəm]	名 王国、領域
□ **species** [spíːʃiːz]	名 種、種類
□ **category** [kǽtəgɔ̀ːri]	名 範疇、種類
□ **sort** [sɔ́ːrt]	名 種類、タイプ　動 えり分ける
□ **resemble** [rizémbl]	動 ～に似ている、～のようだ

①There is an island that used to be the **kingdom** of unknown creatures.

②A large number of unknown animal **species** lived there.

③They were classified into various **categories**, and then became objects of research.

④They were **sorted** into their genetic species in the laboratory.

⑤Although most **resembled** each other, it was discovered that they differed biologically.

⑥It was therefore impossible to give them clear **definitions**.

⑦They didn't exist anywhere else in the world, **except** for this island.

⑧Had they lived anywhere else, they would have been **extinct** earlier.

⑨It is a pity that these creatures can never be **replaced**.

⑩All we can do now is **separate** them into different species for study purposes.

□ **definition** [dèfiníʃən]	名 定義、限定、明確さ
□ **except** [iksépt]	前 〜を除いて、〜以外は
□ **extinct** [ikstíŋkt]	形 絶滅した、消えた
□ **replace** [ripléis]	動 取って代わる、取り替える
□ **separate** [sépərèit]	動 切り離す、分ける　形 分かれた、個々の

84 熱帯地方

①赤道(equator)直下に美しい島がある。
②そこには熱帯(tropical)雨林が大きく広がっている。
③これらの森には多種多様な野生生物が住んでいる(be inhabited)。
④まだ人が居住していないので、県(prefectures)や州に分けられていない。
⑤島内のいくつかの地域(regions)で、原始的な農業の跡が見られる。
⑥その地域に特有の(typical)道具が洞窟内で発見された。
⑦科学者たちはこの発見の重大さ(gravity)に仰天した。
⑧船旅ができるようになるずっと前に、人々がこの島に住んでいたことを科学者たちは示した(indicate)。
⑨方法はわからないが、この人たちは大陸(continent)からずっと旅をしてやってきたと推定される。
⑩いま科学者たちは、研究を進めるための助成金を各国政府に要請している(urge)。

□ **equator** [ikwéitər]	名 赤道
□ **tropical** [trápikəl]	形 熱帯の、回帰線の
□ **inhabit** [inhǽbit]	動 住む、宿る
□ **prefecture** [príːfektʃər]	名 県、府
□ **region** [ríːdʒən]	名 地域、領土

831～840

①There is a beautiful island located right on the **equator**.

②It has wide expanses of **tropical** forests.

③These forests are **inhabited** by a wide variety of wildlife.

④It is still uninhabited, so has not been divided into **prefectures** or states.

⑤Some **regions** of the island show the remains of primitive agriculture.

⑥Tools that are **typical** of the area were discovered in caves.

⑦Scientists were amazed by the **gravity** of this discovery.

⑧They **indicated** that people lived on the island long before sea travel was available.

⑨They don't know how, but they presume these people traveled across from the **continent**.

⑩The scientists are now **urging** the governments of the world to finance further studies.

□ **typical** [típikəl]	形 典型的な、特有の
□ **gravity** [grǽviti]	名 地球引力、重大さ
□ **indicate** [índikèit]	動 指示する、～のきざしである
□ **continent** [kɑ́ntinənt]	名 大陸
□ **urge** [ə́ːrdʒ]	動 せきたてる、力説する

85　南極探検

①彼の夢は南極(antarctic)を探検する(explore)ことだった。
②彼は志願して探検隊に参加するのだと心に決めていた(be determined)。
③帰国後、彼は日誌に探検(expedition)の詳細を記録した。
④この日誌に、この新しいフロンティア(frontier)を探検した時の出来事を書き記した。
⑤日誌は極寒の(arctic)状況下では生活がいかに厳しいものであるかを、如実に説明している。
⑥多くの場合、状況が人間の忍耐の限界(boundaries)を超えていた。
⑦何度かは深刻な危機(crises)に直面した。
⑧極度の寒さが彼らの宿舎を襲い(invade)、生死を分ける状況を引き起こした。
⑨この絶え間のないストレスが、しばしば隊員間の衝突(conflict)の原因になった。

□ **explore** [ikspl5ːr]	動 探検する、調査する
□ **antarctic** [æntάːrktik]	形 南極の、南極地方の、(the Antarctic で) 南極地方
□ **determine** [ditə́ːrmin]	動 決心する、決定する
□ **expedition** [èkspədíʃən]	名 遠征、探検隊
□ **frontier** [frʌntíər]	名 国境、辺境

①His dream was to **explore** the **Antarctic**.
②He was **determined** to take part in a party on a voluntary basis.
③Having returned home, he recorded the details of the **expedition** in a journal.
④In this journal, he described the events of exploring this new **frontier**.
⑤The journal clearly explains how hard life is under **arctic** conditions.
⑥In many cases, conditions exceeded the **boundaries** of human endurance.
⑦On several occasions they were faced with serious **crises**.
⑧The extreme cold **invaded** their living quarters and posed life-and-death situations.
⑨This constant stress was often the cause of **conflict** between the members.

□ **arctic** [ɑ́ːrktik]	形 北極の、極寒の、(the Arctic で) 北極地方
□ **boundary** [báundəri]	名 境界線、限界
□ **crisis** [kráisis]	名 (複数形は crises) 危機、重大局面
□ **invade** [invéid]	動 侵入する、押し寄せる
□ **conflict** [kɑ́nflikt]	名 衝突、闘争　動 対立する

86 好きな作家

①私は低俗なフィクション雑誌の編集者(editor)をしていた。

②私は学生時代以来ずっと小説(novels)を読むのを楽しんできた。

③好きな作者を見つけると、必ずその人の伝記(biography)が出版されているかどうか調べる。

④中学に入って、ある日本の女流詩人の詩(poetry)が大好きになった。

⑤今もなお定期的に、ひいきの(favorite)作家の著作を読む。

⑥彼の文章には、とても美しく、格言(proverbs)になるような名句がたくさんある。

⑦彼の小説は範囲が広すぎて特定のジャンルに分類する(classify)ことはできない。

⑧しかし、私は彼のプロットの構成(construct)のしかたに深い関心を持った。

⑨人間愛を表現する(express)彼の能力は、私にとって特に魅力的だ。

⑩私はわが社で彼の作品を出版するよう、何度も推薦(recommend)している。

□ **editor** [éditər]	名 編集者、編集長
□ **novel** [nάvəl]	名 小説　形 新奇な
□ **biography** [baiάgrəfi]	名 伝記
□ **poetry** [póuətri]	名 詩、詩歌
□ **favorite** [féivərit]	形 お気に入りの、大好きな 名 お気に入りの人〔物〕

①I used to be an **editor** for a pulp fiction magazine.
②I have enjoyed reading **novels** ever since my school days.
③When I find an author I like, I always check to see if a **biography** has been published.
④I came to love the **poetry** of a Japanese female poet after entering junior high.
⑤I still regularly read books by my **favorite** writer.
⑥Many of his sentences are so beautiful they could be **proverbs**.
⑦His novels are too wide-ranging to **classify** into a specific genre.
⑧But I was very interested in the way he **constructed** the plots.
⑨His ability to **express** human love is especially attractive to me.
⑩I have **recommended** that we publish his works many times.

□	**proverb** [prɑ́vəːrb]	名 ことわざ
□	**classify** [klǽsifài]	動 分類する
□	**construct** [kənstrʌ́kt]	動 組み立てる、構成する
□	**express** [iksprés]	動 表現する、述べる　名 急行
□	**recommend** [rèkəménd]	動 推薦する

87 文学と一般人

①たいていの人は学校で文学(literature)を勉強したと主張する。
②しかしながら、文学に本当に慣れ親しんでいる(be familiar with)人はほとんどいない。
③同様のことが、クラシック(classical)音楽にも言える。
④これらの芸術をすっきり理解するのに苦労するというのは、奇妙な(peculiar)ことである。
⑤たいていの人は、有名な作品の題名(title)と作者をただ覚えるだけだ。
⑥彼らが重要だと感じている(perceive)のは、題名の通り一遍の知識だけである。
⑦彼らにとっては、文学は生活とは無関係な退屈な文書(documents)にすぎない。
⑧彼らは物語の背景(context)を自分たちの生活に当てはめるのに苦労する。
⑨これは外国の文化を取り扱っている文学において、特に(especially)当てはまる。
⑩習慣が理解しにくいものであるだけでなく、出てくる言葉(vocabulary)も馴染みがない。

□ **literature** [lítərətʃər]	名 文学、文献
□ **familiar** [fəmíljər]	形 よく知られている、親しい、精通している
□ **classical** [klǽsikəl]	形 古典の、古典派の
□ **peculiar** [pikjúːljər]	形 独特の、風変わりな
□ **title** [táitl]	名 表題、肩書き、選手権 動 表題をつける

①Most people will claim to have studied **literature** at school.
②However, few people are really **familiar** with it.
③The same can be said for **classical** music.
④It is **peculiar** that we have trouble obtaining a clear understanding of these arts.
⑤Most people simply memorize the **title** and author of famous works.
⑥A cursory knowledge of titles is all they **perceive** as important.
⑦To them, literature is just boring **documents** that have no bearing on their lives.
⑧They have trouble matching the **contexts** of the stories with their daily lives.
⑨This is **especially** true of literature that deals with foreign cultures.
⑩Not only are the customs difficult to comprehend, but the **vocabulary** is unfamiliar.

□	**perceive** [pərsíːv]	動 知覚する、気づく
□	**document** [dɑ́kjumənt]	名 文書、証明
□	**context** [kɑ́ntekst]	名 文脈、背景
□	**especially** [ispéʃəli]	副 特に、とりわけ
□	**vocabulary** [voukǽbjulèri]	名 語彙、単語表

88 翻訳の難しさ

①ある言語ができる人は、その技能を翻訳(translation)に使いたいと夢見る。
②中には通訳(interpreters)になりたがる人もいる。
③しかし、翻訳特急号に乗り込んだ(board)としても、物事は必ずしもすんなり進まない。
④翻訳とは言葉を他の言語に置き換えるだけで完成する(complete)ものではない。
⑤全体の意味が、平易(plain)で簡単な言葉で伝えられなければならない。
⑥なじみが薄い習慣に関しては、解説(comments)を追加しなければならない。
⑦そして、著者の本来の意図が忠実に書留め(record)られなければならない。
⑧外交の(diplomatic)分野においては、正確な意味を表現することが特に重要である。
⑨言葉の選択を間違うと、実際には述べられていない別の事柄を暗示して(imply)しまうかもしれない。
⑩時には正確な意図を示すために、わかりにくい(obscure)専門用語を使う必要もある。

□ **translation** [trænsléiʃən]	名 翻訳、翻訳書
□ **interpreter** [intə́ːrprətər]	名 解説者、通訳
□ **board** [bɔ́ːrd]	名 板、掲示板、委員会 動 乗り込む
□ **complete** [kəmplíːt]	形 完全な、完備した 動 完成させる
□ **plain** [pléin]	形 明白な、簡素な、わかりやすい

①People with ability in certain languages dream of using their skill for **translation**.
②Some people want to become **interpreters**.
③But having **boarded** the translation express, things do not always run smoothly.
④A translation is not **completed** just by converting the words to another language.
⑤The overall meaning must be conveyed in **plain** and simple terms.
⑥**Comments** regarding unfamiliar customs must be appended.
⑦And the original intentions of the author must be faithfully **recorded**.
⑧In **diplomatic** circles, it is especially important to express the exact meaning.
⑨A mistaken selection of words may **imply** something that has not actually been said.
⑩Sometimes it is necessary to use **obscure** terminology to express the correct implication.

□ **comment** [kάment]	名 論評、注解　動 批評する
□ **record** [rékərd]	名 記録、経歴、レコード 動 [rikɔ́:rd] 記録する
□ **diplomatic** [dìpləmǽtik]	形 外交の、駆け引きのうまい
□ **imply** [implái]	動 ほのめかす、暗に意味する
□ **obscure** [əbskjúər]	形 あいまいな、不明瞭な

89 ある絵画をめぐる会話

①真正面に陳列してある(displayed)絵を見ましたか。
②彼の作品の独創的な(original)モチーフにたいへん感動しました。
③平和を願う表現の手段(medium)として、彼は芸術を選んだのだと聞いています。
④彼の表現(expression)がユニークであることには、確かに同感です。
⑤でも、私には抽象的(abstract)過ぎて十分に理解できません。
⑥それに筆使いが少々荒っぽい(rude)という印象もあります。
⑦彼の最も有名な作品はリトグラフとして出版されている(be issued)のをご存じでしたか。
⑧ええ、あなたがそう言ったのを覚えています(remember)。
⑨絵画を選ぶ(select)基準を理解するのは難しいですね。
⑩それらは特に意識せず無作為に(at random)選ばれた抽象画にすぎないと思いますよ。

□ **display** [displéi]	動 陳列する、展示する 名 陳列、表示
□ **original** [ərídʒinəl]	形 最初の、独創的な 名 原物、原型
□ **medium** [míːdiəm]	名 中間、手段 形 並みの、中間の
□ **expression** [ikspréʃən]	名 表現、表情
□ **abstract** [ǽbstrækt]	形 抽象的な 名 抜粋

①Did you see the picture **displayed** at the very front?
②I was very impressed by the **original** motif of his work.
③I hear he has chosen art as a **medium** to express his desire for peace.
④I certainly do agree that his **expression** is unique.
⑤But it is too **abstract** for me to understand fully.
⑥And I also have the impression that the touch is a little **rude**.
⑦Did you know that his most famous works have been **issued** as lithographs?
⑧Yes, I **remember** you mentioning it.
⑨I find it difficult to understand the standard under which the pictures were **selected**.
⑩I guess they were only abstract works selected at **random** with no special significance.

□ **rude** [rúːd]	形 不作法な、未加工の
□ **issue** [íʃuː]	名 発行(物)、問題　動 発行する、支給する
□ **remember** [rimémbər]	動 思い出す、覚えている、忘れずに〜する
□ **select** [səlékt]	動 選ぶ、選別する
□ **random** [rǽndəm]	形 不作法の、でたらめの

90 音楽留学

①私は音楽大学で作曲(composition)を学んだ。
②卒業後はオーケストラの常任(regular)メンバーになることに決められていた。
③幸運にもドイツで著名な指揮者(conductor)と偶然知り合いになった。
④彼の演奏の魅力は大変な力強さと優雅さの合成によって作り出される(be compounded)。
⑤私は彼を頼り(rely on)、ドイツで彼の下で勉強する決心をした。
⑥彼が私のために準備して(prepare)くれた指導は、幅広い経験を私に与えてくれた。
⑦彼の指導方法は知識にあふれ(informed)、かつ情熱的だった。
⑧私独自のスタイルを確立するために、有名な総譜(scores)にいかに微妙な変化をつけるかを彼は教えてくれた。
⑨このような変化は音調にではなく、音楽のリズム(rhythm)に影響を与えた。
⑩いつの日か大聴衆(audiences)の前で演奏したいものだ。

□ **composition** [kɑmpəzíʃən]	名 作曲、作文、構成
□ **regular** [régjulər]	形 規則的な、正規の 名 レギュラー(選手)
□ **conductor** [kəndʌ́ktər]	名 指揮者、車掌［米］
□ **compound** [kɑ́mpaund]	形 合成の 名 合成物、化合物
□ **rely** [rilái]	動 頼る、信頼する

①I studied **composition** at a music university.
②It was decided that I would become a **regular** member of an orchestra after I graduated.
③Fortunately, I made the acquaintance of a famous **conductor** in Germany by chance.
④The charm of his performances is **compounded** by a great power and grace.
⑤I decided to **rely** on him and study under him in Germany.
⑥The guidance he had **prepared** for me gave me a wide range of experiences.
⑦His method of instruction was both **informed** and passionate.
⑧He taught me how to make subtle changes to famous **scores** to establish my own style.
⑨These changes did not affect the notes, but the **rhythm** of the music.
⑩Some day I want to perform before magnificent **audiences**.

□ **prepare** [pripéər]	動 準備する、用意する
□ **inform** [infɔ́ːrm]	動 知らせる、告げる、(informed で) 知識のある
□ **score** [skɔ́ːr]	名 得点、総譜　動 点を取る
□ **rhythm** [ríðəm]	名 リズム、調子
□ **audience** [ɔ́ːdiəns]	名 聴衆、観客

PART 9　学習進捗状況チェック表

No	タイトル	単語		英作文		解釈	
81	人間という哺乳動物						
82	進化と生き物						
83	生物の種						
84	熱帯地方						
85	南極探検						
86	好きな作家						
87	文学と一般人						
88	翻訳の難しさ						
89	ある絵画をめぐる会話						
90	音楽留学						

PART 9「マスター度」チェック

次の3単語が、どのストーリーのどんな文の中に出てきたか、思い出してください。3単語とも思い出せた方は、見事にPART 9をマスターしておられます。

① arctic　② favorite　③ classical

⇨答えは、それぞれ次のページでお確かめください。
①205ページ　②207ページ　③209ページ

PART 10

歴史

*

91 環境破壊と環境保護

①環境(environment)を保護する努力はとても大切だ。
②我々は限りある天然資源(natural resources)を大切にしなければならない。
③あまりにも多くのエネルギーが浪費され(be wasted)ている。
④公害(pollution)は産業を優先させた結果だ。
⑤環境破壊(destruction)は大規模に行なわれている。
⑥ついに、世界中の国が憂慮(anxious)し始めているようだ。
⑦これは環境団体がしてきた献身的な活動のおかげである(be attributed)。
⑧今、地球を破壊から救う(rescue)ために何ができるか。
⑨何よりも、この問題は強固な決断(resolve)で取り組まねばならない。
⑩人類は手遅れになる前に、責任ある(responsible)態度で行動しなければならない。

□ **environment** [inváiərənmənt]	名 環境、自然環境
□ **resource** [rí:sɔ:rs]	名 資源、機転
□ **waste** [wéist]	動 浪費する、消耗する　名 むだ遣い、廃物
□ **pollution** [pəlú:ʃən]	名 汚染、公害
□ **destruction** [distrʌ́kʃən]	名 破壊

①Efforts to protect the **environment** are very important.
②We need to value our limited natural **resources**.
③Too much energy is being **wasted**.
④**Pollution** is a result of giving priority to industry.
⑤Environmental **destruction** is taking place on a large scale.
⑥At last, it seems as if the governments of the world are getting **anxious**.
⑦This can be **attributed** to the selfless work carried out by environmental groups.
⑧What can we do to **rescue** the earth from destruction now?
⑨First of all, the problems must be approached with plenty of **resolve**.
⑩The human race must act in a **responsible** manner before it is too late.

□ **anxious** [ǽnkʃəs]	形 心配して、切望して
□ **attribute** [ətríbjuːt]	動 ～に帰する、～のせいにする
□ **rescue** [réskjuː]	動 救う、救出する　名 救助
□ **resolve** [rizάlv]	動 決心する、解決する、分解する　名 決心、決断
□ **responsible** [rispάnsəbl]	形 責任がある、信頼できる

92 遺跡と開発

①その村の風景(landscape)は風光明媚なことで有名だ。
②村の中心に偉大な詩人の記念碑(monument)がある。
③古城の廃墟(ruins)も目立っている。
④古い寺院の修復(restore)作業も続けられている。
⑤その村は古代遺跡の宝庫(treasure)として一般に知られている。
⑥しかし都市化は進み、今や現代的な公共施設(facility)の建設計画が出てきた。
⑦多くの人々は、この施設は景観を損ねる(spoil)と考えている。
⑧彼らは施設の建設のために多くの自然林が破壊される(be destroyed)ことも非難している。
⑨地元住民たちはその地域を保護する(preserve)運動を始めた。
⑩無節操な開発業者は手遅れになる前に罰せられる(be punished)べきだと、彼らは思っている。

□ **landscape** [lǽndskèip]	名 景色、風景(画)
□ **monument** [mάnjumənt]	名 記念碑、不朽の業績
□ **ruin** [rúːin]	名 廃墟、破滅　動 破滅させる
□ **restore** [ristɔ́ːr]	動 もとに戻す、復職させる
□ **treasure** [tréʒər]	名 財宝、重要な人　動 大事にする

①The **landscape** of the village is famous for its scenic beauty.
②In the center of the village lies a **monument** to a great poet.
③The **ruins** of an old castle are also visible.
④Work is also being carried out to **restore** an old temple.
⑤The village is commonly known as a **treasure-trove** of ancient ruins.
⑥But civilization advances, and now there are plans to build a modern public **facility**.
⑦Many people believe that this facility will **spoil** the scenery.
⑧They also decry the amount of natural woodland that will be **destroyed** to build it.
⑨Local residents have established a movement to **preserve** the area.
⑩They feel that unscrupulous developers should be **punished** before it is too late.

□ **facility** [fəsíliti]	名 施設、容易さ
□ **spoil** [spɔ́il]	動 だめにする、甘やかす
□ **destroy** [distrɔ́i]	動 破壊する、滅ぼす
□ **preserve** [prizə́ːrv]	動 保護する、保存する
□ **punish** [pʌ́niʃ]	動 罰する

93 宗教の価値

①特定の宗教(religion)を信じない者にとって、宗教(religion)を理解することは難しい。
②宗教を哲学(philosophy)のひとつの表し方と考えれば、宗教を理解するのはより容易になるかもしれない。
③さまざまな宗教が存在するが、それぞれの教えは似通った(similar)要素を共有している。
④教えは人々の美徳(virtue)の感覚を高める。
⑤教えは道徳(morals)を尊重することを強調する。
⑥そして、教えは神話(myths)を使って人々の信仰心を喚起する。
⑦永遠の(eternal)生命は凡人には与えられない。
⑧しかし、神は絶対的なものであり、永遠に存在する(exist)。
⑨科学的証拠が乏しかった中世(medieval times)では、宗教が人々を支配していた。
⑩しかし今日、いまだに宗教に置かれている信仰は、人類にとってひとつの神秘(mystery)である。

- □ **religion** [rilídʒən] ［名］宗教、宗派
- □ **philosophy** [filɑ́səfi] ［名］哲学、人生観
- □ **similar** [símilər] ［形］よく似た、類似の
- □ **virtue** [və́ːrtʃuː] ［名］美徳、道徳的行為
- □ **moral** [mɔ́ːrəl] ［形］道徳的な、倫理上の
  ［名］道徳、教訓

①It is difficult for those who don't believe in a specific **religion** to understand **religion**.
②It might be easier to understand if religion is regarded as a form of **philosophy**.
③Although various religions exist, the doctrines of each share **similar** elements.
④They improve people's sense of **virtue**.
⑤They place emphasis on valuing **morals**.
⑥And they arouse people's faith with the use of **myths**.
⑦**Eternal** life is not awarded to ordinary men.
⑧But God is absolute, and **exists** through all eternity.
⑨Religion ruled over the people in **medieval** times when scientific evidence was scarce.
⑩But the faith still placed in religion nowadays is a **mystery** to mankind.

□ **myth** [míθ]	名 神話、神話的人物
□ **eternal** [itə́ːrnəl]	形 永遠の、不滅の
□ **exist** [igzíst]	動 存在する、生存する
□ **medieval** [mìːdiíːvəl]	形 中世の
□ **mystery** [místəri]	名 秘密、なぞ

94 農業の方法

①農業(agriculture)のやり方は時代とともに変わってきた。
②農業はいまやほとんど機械化(automatic)されている。
③コンバインは小麦(wheat)を刈り取るのに使われる。
④そして穀物(grain)は機械で脱穀される。
⑤ヘリコプターはアメリカでは種をまく(seed)のにも使われる。
⑥農薬が野菜(vegetables)に大量に使用されている。
⑦これにより廃棄量が減り、市場に安く(cheap)生産して出せるようになった。
⑧しかし最近では、人々は無農薬ならば高い(expensive)野菜でも気にしなくなってきた。
⑨これにより、さらに多くの地元(local)農家は有機野菜を栽培するようになった。
⑩最近の研究では、遺伝子組み換え技術が主な(main)目標となっている。

□ **agriculture** [ǽgrikʌ̀ltʃər]	名 農業、農耕
□ **automatic** [ɔ̀ːtəmǽtik]	形 自動の、機械的な
□ **wheat** [hwíːt]	名 小麦
□ **grain** [gréin]	名 穀物、穀物の粒
□ **seed** [síːd]	名 種、もと　動 種をまく

①The methods used for **agriculture** have changed with the times.
②Agriculture has become almost completely **automatic** now.
③Combine harvesters are used to harvest **wheat**.
④And **grain** is threshed on machines.
⑤Helicopters are also for **seeding** purposes in the United States.
⑥Agrichemicals are used in large amounts on **vegetables**.
⑦This produces less waste, and thereby allows **cheap** produce to enter the market.
⑧But recently people don't mind **expensive** vegetables if they are free of chemicals.
⑨This has led to more **local** farmers beginning to plant organic crops.
⑩GM (Genetically Modified) technology is the **main** target of recent research.

□ **vegetable** [védʒtəbl]	名 野菜、植物
□ **cheap** [tʃíːp]	形 安い、安っぽい
□ **expensive** [ikspénsiv]	形 高価の
□ **local** [lóukəl]	形 地方の、現地の、各駅停車の
□ **main** [méin]	形 主要な、十分な

95 集団と個人

①私たちの社会(society)は共同体(communities)の集合である。
②各共同体は何か共通(common)点を持つ人々から成り立つ。
③例えば、ある共同体では独自の伝統的民族音楽(folk songs)や民話を持っている。
④アメリカインディアンの部族(tribes)は、元々アメリカに住んでいた土着の人々である。
⑤共同体は人口(population)が多いからといって優位だとは限らない。
⑥人々はしばしば、さまざまな集団に同時に所属する(attach oneself to)こともある。
⑦きわめて排他的な(exclusive)集団には拒絶される人もいるかもしれない。
⑧これらの集団の掟に反抗する(resist)人は「はみだし者」とみなされがちである。
⑨しかし、これは必ずしも拒絶されなかった人々が「正常」だ(normal)という意味ではない。

□ **society** [səsáiəti]	名 社会、協会、交際
□ **community** [kəmjúːniti]	名 共同体、社会
□ **common** [kɑ́mən]	形 共通の、普通の、公共の
□ **folk** [fóuk]	名 人々、民族
□ **tribe** [tráib]	名 部族、類

①Our **society** is a collection of **communities**.
②Each community consists of people with something in **common**.
③For example, some communities have their own traditional **folk** songs or tales.
④American Indian **tribes** are native people who originally inhabited America.
⑤A community with a large **population** doesn't have superiority.
⑥People often **attach** themselves to various kinds of groups, too.
⑦Some people may be rejected by very **exclusive** groups.
⑧People who **resist** these groups' rule tend to be regarded as the 'odd men out.'
⑨But this doesn't necessarily mean that people who are not rejected are '**normal**.'

□ **population** [pὰpjuléiʃən]	名 人口、住民数
□ **attach** [ətǽtʃ]	動 取り付ける、所属させる
□ **exclusive** [iksklúːsiv]	形 排他的な、独占的な
	名 独占記事
□ **resist** [rizíst]	動 抵抗する、耐える
□ **normal** [nɔ́ːrməl]	形 正常な、標準の

96 ローマ帝国と奴隷

①その都市はローマ帝国への玄関(entrance)の役割を果たした。
②都市の城壁は見渡す限り延びていた(stretch)。
③周囲は豊かな鉱脈(source of minerals)だった。
④そこに住んでいる人たちの先祖(ancestors)は墓地に埋葬されている。
⑤しかし、奴隷の歴史はこの素晴らしい都市の印象に汚点(stain)を残した。
⑥今日残っている多くの建築物(architecture)には、奴隷の収容所もある。
⑦奴隷たちはひとまとめに(in batteries)収容され、鉱物の採掘を強要された。
⑧王家の(royal)館にも奴隷のおりの形跡が見られる。
⑨その時代の調度品(furniture)は今日ほとんど残っていない。
⑩しかし、見つかったものには表面に奴隷の絵が刻まれている(scratched)。

□ **entrance** [éntrəns]	名 入り口、入場、入学
□ **stretch** [strétʃ]	動 引き伸ばす、広げる、伸びる
□ **mineral** [mínərəl]	名 鉱物　形 鉱物の
□ **ancestor** [ǽnsestər]	名 祖先、先駆者
□ **stain** [stéin]	名 汚れ、しみ　動 汚す

①The city acted as the **entrance** to the Roman Empire.
②The city walls **stretched** as far as the eye can see.
③The surrounding area was also a rich source of **minerals**.
④The **ancestors** of the people who live there today are buried in the graveyards.
⑤But a history of slavery has **stained** the memory of this impressive city.
⑥A lot of the **architecture** that remains today contains slave pens.
⑦The slaves were housed in **batteries** and forced to mine the minerals.
⑧Even the **royal** palace shows signs of slave pens.
⑨Very little **furniture** from that period remains today.
⑩But what is available displays scenes of slavery **scratched** into the surfaces.

□ **architecture** [ɑ́ːrkitèktʃər]	名 建築物、建築術
□ **battery** [bǽtəri]	名 電池、一組の装置
□ **royal** [rɔ́iəl]	形 国王の、王室の、高貴な
□ **furniture** [fə́ːrnitʃər]	名 家具、調度
□ **scratch** [skrǽtʃ]	動 ひっかく、ひっかいて書く

97 地理学と測量

①過去数世紀の間、地理学(geography)は原理というよりは学説だった。
②正確に距離を測る(measure)道具もなかった。
③原始的な測定機器は不安定な土台の上に乗っていた(be mounted)。
④だから、控え目に言っても、たいていの測量はあやふや(vague)に終わった。
⑤地形学者たちは、各地点を正確に位置づける(locate)のに苦労した。
⑥平地(level land)はまだやりやすかったが、山地では難題がたくさんあった。
⑦その時代には人々は地球の表面(surface)は平らだと思っていた。
⑧天文学(astronomy)でも同様に、天が地球の周りを回っていると考えられていた。
⑨人々は地平線(horizon)の向こうに何があるのか、ずっと見たがっていた。
⑩しかし当時、世界は人々が考えるよりずっと広大(vast)だったのだ。

□ **geography** [dʒiɑ́grəfi]	名 地理(学)、地誌
□ **measure** [méʒər]	名 寸法、測定器具 動 測る、評価する
□ **mount** [máunt]	動 登る、乗る
□ **vague** [véig]	形 あいまいな、はっきりしない
□ **locate** [lóukeit]	動 位置を突き止める、設定する

①In past centuries, **geography** was more theory than principle.
②They lacked the instruments to **measure** distances accurately.
③Primitive measuring devices were **mounted** on unstable foundations.
④And this resulted in most measurements being **vague**, to say the least.
⑤Topographers had trouble **locating** points accurately.
⑥**Level** land made things easier, but mountains created many problems.
⑦In that age, though, people thought the **surface** of the earth was flat.
⑧Similarly in **astronomy**, the heavens were supposed to turn around the earth.
⑨People have always been eager to see what lies over the **horizon**.
⑩But at that time, the world was more **vast** than anyone could comprehend.

□ **level** [lévəl]	形 水平な、平らな　名 水平面、水準
□ **surface** [sə́ːrfis]	名 表面、水面　形 表面の
□ **astronomy** [əstrάnəmi]	名 天文学
□ **horizon** [həráizən]	名 地平線、展望
□ **vast** [vǽst]	形 広大な、膨大な

98 ある民族の話

①彼らの土地は長い間平穏なままで、探検者にかき乱され(be disturbed)なかった。
②独立を維持するため、彼らにはたゆまぬ(constant)努力が必要だった。
③文明(civilization)の進歩に伴い、彼らはさまざまな文化を発達させた。
④これは文明に共通した型どおりの(conventional)結果だと言えるかもしれない。
⑤彼らはまた、国家の福祉(welfare)制度を推進した。
⑥この制度は他の社会福祉サービス(services)に影響を受けている。
⑦彼らの道徳規律(moral code)はきわめて厳格だった。
⑧時折彼らは宗教的儀式(ceremonies)を執り行なった(perform)。
⑨安定した社会を目指す彼らの努力は、祝福されるべきである(to be congratulated)。

□ **disturb** [distə́ːrb]	動 邪魔する、乱す
□ **constant** [kɑ́nstənt]	形 絶え間ない、不変の
□ **civilization** [sìvilizéiʃən]	名 文明、開化
□ **conventional** [kənvénʃənəl]	形 慣習的な、協定上の、型にはまった
□ **welfare** [wélfèər]	名 福祉、幸福

①Their land remained calm for many years and was not **disturbed** by explorers.

②For them, a **constant** effort was needed to maintain their independence.

③With the advancement of their **civilization**, they developed various cultures.

④This could be said to be the **conventional** result of civilization.

⑤They also promoted a national **welfare** system.

⑥This system was influenced by other social welfare **services**.

⑦Their moral **code** was quite strict.

⑧Occasionally they **performed** religious **ceremonies**.

⑨Their efforts at a stable society are to be **congratulated**.

□ **service** [sə́ːrvis]	名 奉仕、公共事業、もてなし
□ **code** [kóud]	名 法典、暗号、規約
□ **perform** [pərfɔ́ːrm]	動 実行する、上演する
□ **ceremony** [sérəmòuni]	名 儀式、祭典
□ **congratulate** [kəngrǽtʃulèit]	動 祝う、お祝いを述べる

99 革命の時代

①革命の時代(era)であった。
②貴族の子孫(descendants)のひとりがその大事件について日誌を書いていた。
③彼はルイ16世と同時代人(contemporary)だった。
④当時、上流社会の特定の人たちしか財産や特権を相続(inherit)できなかった。
⑤人々は新しい社会に適応する(adapt)のに大変苦労した。
⑥社会改革の潮流(tide)は、保守派陣営には不利に向いていた。
⑦前の(previous)社会体制に関わっていた者は、みな処罰された。
⑧似たような先例は、古代(ancient)史を通しても見られる。
⑨前の世代(generations)によって作られた歴史から学ぶべきことはたくさんある。
⑩最も重要なことは、世論の最新の(current)動向に耳を傾けることである。

□ **era** [íərə]	名 時代、年代
□ **descendant** [diséndənt]	名 子孫、末裔
□ **contemporary** [kəntémpərèri]	形 同時代の、現代の 名 同時代人
□ **inherit** [inhérit]	動 相続する、引き継ぐ
□ **adapt** [ədǽpt]	動 適応させる、改造する、順応する

①It was an **era** of revolution.
②One of the **descendants** of the nobles wrote a journal about the event.
③He was a **contemporary** of Louis XVI.
④In those days, only certain members of the upper classes could **inherit** property and privileges.
⑤People had great trouble **adapting** to the new society.
⑥The **tide** of social reform was turning against the old school.
⑦Those concerned with the **previous** order of society were all punished.
⑧We can see similar examples throughout **ancient** history too.
⑨We have a lot to learn from the history made by previous **generations**.
⑩The most important thing is to listen to the **current** trends of public opinion.

□ **tide** [táid]	名 潮流、形勢
□ **previous** [príːviəs]	形 前の、以前の、せっかちな
□ **ancient** [éinʃənt]	形 古代の、古来の、昔の
□ **generation** [dʒènəréiʃən]	名 同時代の人々、一世代
□ **current** [kə́ːrənt]	形 現在の、流通している 名 流れ、風潮

100 フランス革命

①フランス革命(revolution)は1789年に起こった。
②この革命の結果として、社会改革において進歩(progress)が実現された。
③しかし周辺の国々は、その反動が周囲にも及ぶ(affect)のではないかと恐れた。
④革命では革新(innovation)が重要な役割をになった。
⑤その当時、人々は啓蒙思想家たちの考え方によって鼓舞されていた(be inspired)。
⑥貴族の中にも鼓舞されて、反逆を奨励する(encourage)者もいた。
⑦多くの王室の人々と他の貴族たちは、海外に亡命した(defect)。
⑧革命後の議会は、急進派と中立の(neutral)穏健派の両者から成り立っていた。
⑨特に、急進的な左派は改革の急速な前進(advances)を主張した。
⑩これは君主制の一時的回復へと導き、そして保守主義者(conservatives)が権力を取り戻すのを助長したのだった。

□ **revolution** [rèvəlúːʃən]	名 革命、回転
□ **progress** [prágrəs]	名 進歩、発達　動 進歩する、発達する
□ **affect** [əfékt]	動 影響する、感動させる
□ **innovation** [inəvéiʃən]	名 革新、新機軸
□ **inspire** [inspáiər]	動 鼓舞する、奮い立たせる

①The French **Revolution** occurred in 1789.
②**Progress** was attained in social reform as a result of this revolution.
③Surrounding countries, however, were afraid that its repercussions would also **affect** them.
④**Innovation** played an important part in the revolution.
⑤At that time, people were **inspired** by the thoughts of enlightened philosophers.
⑥Certain aristocrats were also inspired and **encouraged** the revolt.
⑦Many members of the royal family and other aristocrats **defected** overseas.
⑧The post-revolution assembly consisted of both radicals and **neutral** moderates.
⑨In particular, the radical leftists advocated swift **advances** on reform.
⑩This led to a temporary restoration of the monarchy and helped the **conservatives** regain power.

□ **encourage** [inkə́ːridʒ]	動 勇気づける、奨励する
□ **defect** [díːfekt]	名 欠陥　動 [difékt] 亡命する
□ **neutral** [njúːtrəl]	形 中立の、中性の
□ **advance** [ədvǽns]	動 進める、前払いする　名 前進、前払い
□ **conservative** [kənsə́ːrvətiv]	形 保守的な、控え目な　名 保守主義者

PART 10 学習進捗状況チェック表

No	タイトル	単語		英作文		解釈	
91	環境破壊と環境保護						
92	遺跡と開発						
93	宗教の価値						
94	農業の方法						
95	集団と個人						
96	ローマ帝国と奴隷						
97	地理学と測量						
98	ある民族の話						
99	革命の時代						
100	フランス革命						

PART 10「マスター度」チェック

次の 3 単語が、どのストーリーのどんな文の中に出てきたか、思い出してください。3 単語とも思い出せた方は、見事に PART10 をマスターしておられます。

① exclusive ② measure ③ contemporary

⇨答えは、それぞれ次のページでお確かめください。
①227ページ ②231ページ ③235ページ

■エピローグ■

この1000単語で英字新聞も読める!

■単語は単語を呼ぶ

物事には、いろいろな楽しみ方がある。例えば、山を例にとると、遠くから眺めたり、写真を撮ったり、絵に描いて楽しむ人もいる。中腹までの家族ハイキングを楽しむ人もいれば、何がなんでも頂上を極めないと気がすまない人もいる。上級者を自認する人の中には、通常ルートを使わずに登ったり、わざわざ切り立った壁面を直登するツワモノもいるだろう。

本の利用法も、それに似ている。本書を、単語の学習用に読まれた方、作文力をつけるために利用された方、解釈や速読の素材として活用された方など、利用法はさまざまだろう。

何度も言うように、本書は社会人として一生使える「必須1000単語」を中心に編んである。しかし、当然ながら、1000単語だけで編まれているわけではない。1000単語の「派生語」も多く登場するし、やむなく「上級単語」が混入したケースもある。

派生語について触れておくと、英語は派生語の豊かな言語で、コアになる単語の周りに、平均して3、4個の派生単語が存在すると言われている。すると、**1000単語を覚えれば、実は3000、4000という膨大な数の単語への足がかりを得たことになる。**

例をあげよう。「必須1000単語」の中にextremeという形容詞がある。この単語の派生語を調べてみると、extremely（極端に）、extremism（過激主義）、extremist（過激主義者）などの語に行き当たる。ちなみに、本書全体を通して、副詞形の extremely は、6回も登場する。本書の裾野は、思いのほか広いのである。

上級者を自認する方には、さらにこんな“裏ワザ”を推奨したい。**各ストーリーの中に混入している「上級単語」をマークしていく**のである。例えば、5番目の「知識とコンピュータ」(28〜29ページ) の中には、abundant, indispensable, solve, statistical, despite, accuracy などの単語が混入している。これらをマークしていけば、**本書は優に1500単語をゲットできる単語集に早変わりする**だろう。

いまあげた despite という単語だが、注意深い読者の中には、本書の中に何度もこの語が登場することに気づかれた方もおられると思う。勘定してみると8回も使われており、どうやらベルトン氏ご愛用の単語のようである (われわれも覚えておいて損はない)。

■単語学習の見取り図

本書で手に入れた1000単語は、単語学習のメルクマールとして役に立つ。すなわち、次のように考えてみるのである。

まず、この「必須1000単語」の下に、中学から高校1・2年までに習う**「基本単語」**の集団がある (数え方にもよるが、だいたい2000語前後)。次に、「必須1000単語」の横に、**「派生語」**の集団がある (その数は、先ほど述べたように、3000は下らないはずである)。さらに、「必須1000単語」の上に**「上級単語」**がある。

すると、次のページのような単語学習の見取り図ができる。

この図からわかるように、**日本人の英単語学習のコアとなるのが、本書で扱った1000単語**と見て間違いないだろう。これ以下の単語に戸惑うようなら明らかに基礎力不足だし、これ以上の単語に出会ったら、ひとつひとつ手堅く捕獲していってほしい。

例えば、英字新聞を読む時、本書の1000単語を常にワーキング・メモリーに装備しておけば、それを超える単語を**「上級単語」**としてマークしていくことが可能となる。

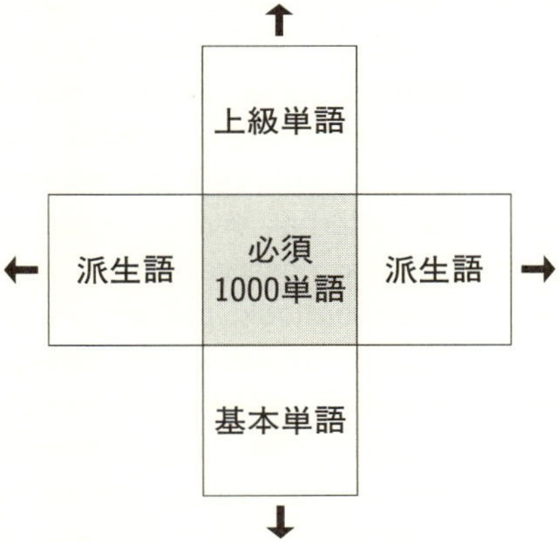

■実際に英字新聞を調べてみた

英字新聞と言えども、その基盤となっているのは、他でもない本書で扱った1000単語なのだ。

これについては、あれこれ言うよりも、それこそ「実例」で示すほうが話が早かろう。試しに、手元にある『THE DAILY YOMIURI』の第１面に出てくる単語を調べてみた。愉快なことに、本書の「必須1000単語」に該当する単語は、ぴったり100語だった。次にお見せするのが、その100単語のリストである。

《英字新聞の第１面に出てきた100単語》

administration, advance, affair, allow, amount, apologize, approach, average, capable, cause, central, claim, close, comment, committee, common, company, concern, conference, confirm, contract, contribute, control, criminal, critical, criticize, decade, decision, desire, destroy, development, document, duty, effect, effort, environment, estimate, exchange, executive, exist, expert, explode, fail, figure, function, general, government, huge, impatient, improve, incident, include, indicate, industry, injure, insist, internal, involve, issue, lack, liberty, minister, neutral, observe, obtain, occur, operate, order, opinion, outlook, parliament, principle, promise, protest, pursue, recognize, refer, reform, reject, request, reveal, secretary, secure, similar, society, soldier, source, stock, suggest, technology, term, terror, total, unite, value, vehicle, venture, violence, within, worth

いかがであろう。いかにも英字新聞に出てきそうなツワモノ単語ばかりではないか。これは、他の英字新聞を調べても同様の結果を得ることができる。

次に、具体的な記事の中で「必須1000単語」の活躍の様子を確かめることにしたい。お見せするのは、本日（2005年７月20日）の『THE DAILY YOMIURI』の社説の一部である。例によって、「必須1000単語」は太字にしてお目にかけることにする。これは、読売新聞で**「義務教育の行方を決める３か月」**と題して掲げられた社説（後出）の英訳記事である。英文を読むのがしんどい方は、例によって、全体を概観し、「こんなに当たるんだ！」という実感を得ていただければ十分である。

Equal opportunities for all（万人のための機会均等）

The **central government** subsidy is the most **stable** financial **source** to **secure** teachers **capable** of keeping and **improving** the **current standard** of **compulsory education** as well as the funds to sustain **quality education**, many of the special **committee** members were quoted as saying in its report.

The **Constitution** guarantees all people the **right** to **receive** an **equal education**, so it is quite **natural** for the **central government** to take **charge** of the bedrock of **compulsory education** and shoulder **necessary** expenses for it because it is the **government's function** to realize that **right**.

英字新聞においても、ここまで「必須1000単語」が頻出するとは、驚きではなかろうか。なお、この部分の読売新聞での日本語原文は、以下のようになっている。

「義務教育の水準を維持・向上できる資質・能力ある教員を確保するために、国庫負担制度は最も確実な財源保障制度であり、質の高い教育を支える前提となっている」。報告書には「多くの委員」の意見として、そう書かれている。

憲法は、すべての国民に教育を受ける権利を保障している。その権利実現のための義務教育制度について、国が根幹部分の責任を持ち、必要な費用を負担するのは当然のことである。

●

この「エピローグ」では、本書の「必須1000単語」が、日本人の単語学習のスプリングボードとして役に立つ、という話をした。

その格好の例として、手元の英字新聞を「実例」としてお目にかけた。もしも時間に余裕のある方は、試しに先ほどの社説の中で、「必須1000単語」を越える「上級単語」にマーキングしてみていただきたい。また、これで味を占めた読者は、これから英字新聞を読む時に、同様の方法で「上級単語」を生け捕りにしていっていただきたい。捕獲した単語をストックしていけば、あなた専用の「英単語速習ノート」を作ることもできる。こうして、**本書をベースにすれば、無限の語彙力増強も夢ではなくなる**のである。

最後に、多少手前味噌になるかもしれないが、『英単語速習術』の続編として執筆した『**英単語倍増術**』のご紹介をして、終わりにしたい。同書は、「必須1000単語」の上位に位置する1000単語の覚え方をテーマとした本だが、「英語そのものの見方を変える本」として予備校や大学で活用され、大きな反響を呼んでいる。興味のある方は、ぜひご覧になっていただきたい。

本書を縦横に使って、あなたの英語学習が大きく進むことを確信しつつ、ひとまず筆を置くことにする。単語力の増強に意欲のある方は、**「上級単語」のマーキング**という単純明快な方法で、どんどん語彙を増やしていただきたい。英文を読む楽しみも倍加するはずである。

これだけは覚えていただきたい1000単語

A

abandon 142, 143
ability 026, 027
absence 186, 187
absolute 156, 157
absorb 038, 039
abstract 212, 213
absurd 030, 031
abuse 136, 137
academic 110, 111
accept 190, 191
accident 148, 149
accompany 134, 135
accomplish 068, 069
account 144, 145
accurate 028, 029
accustom 020, 021
achieve 074, 075
acknowledge 072, 073
acquaintance 064, 065
acquire 142, 143
active 038, 039
actual 104, 105
adapt 234, 235
addition 114, 115
adequate 038, 039
adjust 036, 037
administration 090, 091
admit 118, 119
adopt 086, 087
adult 196, 197
advance 236, 237
advantage 160, 161
adverse 098, 099
advertisement 082, 083
affair 162, 163
affect 236, 237
afford 166, 167
agent 144, 145
aggressive 136, 137
agree 064, 065
agriculture 224, 225
ahead 160, 161
aid 098, 099
aim 074, 075
alarm 138, 139
allow 050, 051
alter 046, 047
alternative 152, 153
amaze 170, 171
ambassador 088, 089
ambitious 100, 101
amount 166, 167
amusement 180, 181
analyze 124, 125
ancestor 228, 229
ancient 234, 235
annoy 164, 165
annual 052, 053
antarctic 204, 205
anxious 218, 219
apologize 102, 103
apparent 046, 047
appeal 026, 027
appear 104, 105
apply 032, 033
appoint 088, 089
appreciate 026, 027
approach 082, 083
appropriate 030, 031
approval 168, 169
approve 064, 065
architecture 228, 229
arctic 204, 205
argue 090, 091
army 094, 095
arrange 082, 083
arrest 138, 139
artificial 036, 037
aspect 192, 193
assert 102, 103
assignment 168, 169
associate 094, 095
assume 116, 117
assure 082, 083
astonish 158, 159
astronomy 230, 231
athletic 108, 109
atmosphere 192, 193
atomic 096, 097

attach 226, 227
attain 022, 023
attempt 138, 139
attend 118, 119
attention 116, 117
attitude 066, 067
attribute 218, 219
audience 214, 215
authority 136, 137
automatic 224, 225
automobile 146, 147
available 140, 141
average 158, 159
avoid 164, 165
award 186, 187
aware 112, 113
awful 162, 163

B

background 066, 067
basis 032, 033
battery 228, 229
battle 094, 095
behave 066, 067
benefit 160, 161
bind 098, 099
biography 206, 207
biology 120, 121
bit 114, 115
blame 104, 105
blood 198, 199
board 210, 211
bore 068, 069
bother 080, 081
bound 038, 039
boundary 204, 205
branch 144, 145
breathe 198, 199
brief 198, 199
bundle 044, 045
burden 190, 191
burst 052, 053

C

calculator 036, 037
calm 188, 189
cancer 134, 135
candidate 086, 087
capable 130, 131
capacity 026, 027
capital 160, 161
career 066, 067
cast 108, 109
casually 064, 065
category 200, 201
cause 070, 071
cease 094, 095
central 092, 093
ceremony 232, 233
certain 184, 185
certainly 022, 023
character 024, 025
charge 166, 167
cheap 224, 225
chemistry 120, 121
cherish 196, 197
circumstance 078, 079
civil 100, 101
civilization 232, 233
claim 164, 165
classical 208, 209
classify 206, 207
cling 020, 021
close 148, 149
code 232, 233
collect 166, 167
combine 024, 025
comfort 188, 189
command 096, 097
comment 210, 211
commercial 052, 053
commit 138, 139
committee 118, 119
common 226, 227
communicate 196, 197
community 226, 227
company 038, 039
compare 048, 049
compete 184, 185
complain 142, 143
complete 210, 211
complex 030, 031
complicated 126, 127
compose 042, 043
composition 214, 215
compound 214, 215
comprehend 032, 033
compulsory 096, 097
conceal 136, 137
concentrate 092, 093
concept 030, 031
concern 116, 117
conclude 102, 103
concrete 074, 075

condition 078, 079
conduct 066, 067
conductor 214, 215
conference 118, 119
confidence 184, 185
confirm 104, 105
conflict 204, 205
confront 190, 191
confuse 086, 087
congratulate 232, 233
congress 086, 087
connection 152, 153
conquer 094, 095
conscience 102, 103
conscious 182, 183
consequence 072, 073
conservative 236, 237
consider 072, 073
considerable 182, 183
consist 118, 119
constant 232, 233
constitution 098, 099
construct 206, 207
consume 050, 051
consumption 050, 051
contain 158, 159
contemporary 234, 235
content 060, 061
context 208, 209
continent 202, 203
continue 174, 175
contract 082, 083
contrary 072, 073
contrast 046, 047
contribute 148, 149
control 094, 095
convenient 078, 079
conventional 232, 233
conversation 180, 181
convert 102, 103
convey 146, 147
convince 080, 081
cooperation 064, 065
cope 190, 191
costly 052, 053
courage 080, 081
court 104, 105
crash 146, 147
create 198, 199
creature 198, 199
creep 198, 199
crime 138, 139
criminal 138, 139
crisis 204, 205
critical 118, 119
criticize 136, 137
crude 066, 067
cure 130, 131
curious 110, 111
current 234, 235
custom 020, 021
cycle 174, 175

D

damage 076, 077
dare 190, 191
data 060, 061
debt 160, 161
decade 158, 159
decision 028, 029
decline 186, 187
decrease 054, 055
defeat 076, 077
defect 236, 237
defend 076, 077
definition 200, 201
degree 122, 123
delight 170, 171
deliver 186, 187
demand 058, 059
democracy 086, 087
demonstrate 032, 033
deny 140, 141
department 042, 043
departure 176, 177
depend 098, 099
deposit 144, 145
depression 056, 057
descendant 234, 235
describe 046, 047
deserve 186, 187
desire 164, 165
despair 164, 165
destination 176, 177
destiny 190, 191
destroy 220, 221
destruction 218, 219
detail 042, 043
determine 204, 205
development 056,

057
device 036, 037
devote 036, 037
differ 020, 021
difference 182, 183
dignity 022, 023
diminish 076, 077
diplomatic 210, 211
director 038, 039
disadvantage 160, 161
disaster 148, 149
discipline 096, 097
discuss 030, 031
disease 134, 135
display 212, 213
distance 182, 183
distinguish 034, 035
distribute 096, 097
disturb 232, 233
divide 114, 115
document 208, 209
domestic 138, 139
dread 154, 155
drift 176, 177
drown 154, 155
due 184, 185
duty 068, 069
dwell 174, 175

E

eager 140, 141
earn 022, 023
economic 032, 033
economy 058, 059
editor 206, 207
education 110, 111
effect 178, 179
efficient 110, 111
effort 080, 081
elderly 196, 197
elect 086, 087
electric 036, 037
element 070, 071
embarrassment 080, 081
embody 030, 031
emigrate 100, 101
emotion 188, 189
employ 024, 025
empty 158, 159
enable 020, 021
encounter 064, 065
encourage 236, 237
endeavor 080, 081
endure 190, 191
enforce 096, 097
engage 166, 167
enormous 142, 143
ensure 052, 053
entertainment 170, 171
enthusiasm 112, 113
entirely 048, 049
entrance 228, 229
environment 218, 219
envy 156, 157
equal 122, 123
equator 202, 203
equip 176, 177
era 234, 235
especially 208, 209
essence 070, 071
essential 066, 067
establish 088, 089
estimate 044, 045
eternal 222, 223
event 162, 163
evidence 104, 105
evident 102, 103
evolution 198, 199
exactly 134, 135
examine 070, 071
exceed 026, 027
except 200, 201
exception 182, 183
excess 046, 047
exchange 056, 057
excite 132, 133
exclaim 100, 101
exclusive 226, 227
excuse 072, 073
executive 038, 039
exercise 020, 021
exhibit 116, 117
exist 222, 223
expand 058, 059
expect 072, 073
expectation 112, 113
expedition 204, 205
expensive 224, 225
experience 140, 141
experiment 036, 037
expert 120, 121
explain 070, 071
explode 148, 149
exploit 136, 137
explore 204, 205
export 054, 055
expose 154, 155

express 206, 207
expression 212, 213
extend 176, 177
extension 060, 061
extent 060, 061
external 050, 051
extinct 200, 201
extra 048, 049
extraordinary 026, 027
extreme 164, 165

F

facility 220, 221
factor 070, 071
faculty 026, 027
fail 074, 075
faint 108, 109
fairly 174, 175
fame 022, 023
familiar 208, 209
fancy 024, 025
fascinate 132, 133
fate 190, 191
favor 066, 067
favorite 206, 207
feature 046, 047
federal 090, 091
female 196, 197
fever 134, 135
figure 114, 115
final 072, 073
firmly 118, 119
flexible 038, 039
flourish 120, 121
focus 092, 093
folk 226, 227
force 096, 097
forgive 164, 165
fortunate 142, 143
fortune 142, 143
foundation 032, 033
fragment 042, 043
frequently 078, 079
frighten 162, 163
frontier 204, 205
fulfill 068, 069
function 026, 027
fundamental 028, 029
furniture 228, 229

G

galaxy 126, 127
gasp 134, 135
gather 144, 145
gaze 046, 047
general 030, 031
generation 234, 235
genuine 048, 049
geography 230, 231
glance 132, 133
glimpse 132, 133
global 092, 093
glory 022, 023
goods 050, 051
government 090, 091
gradually 152, 153
graduate 110, 111
grain 224, 225
grasp 108, 109
gravity 202, 203
guard 088, 089
guess 034, 035
guilty 104, 105

H

habit 020, 021
hardly 056, 057
hardship 190, 191
hell 192, 193
hesitate 160, 161
hide 060, 061
honor 184, 185
horizon 230, 231
horrible 174, 175
horror 154, 155
household 166, 167
huge 158, 159
human 152, 153
humor 024, 025

I

ideal 030, 031
identify 124, 125
ignorance 156, 157
illegal 054, 055
illusion 156, 157
illustrate 032, 033
imagination 074, 075
imitate 196, 197
immediate 130, 131
immense 126, 127
impact 178, 179
impatient 154, 155
imply 210, 211
import 054, 055
impose 166, 167
impression 178, 179
improve 056, 057
incident 162, 163
include 124, 125

income 052, 053
increase 054, 055
incredible 178, 179
indeed 080, 081
independence 100, 101
indicate 202, 203
individual 064, 065
induce 152, 153
industry 056, 057
inevitable 162, 163
infant 196, 197
influence 178, 179
inform 214, 215
inhabit 202, 203
inherit 234, 235
injure 148, 149
injury 076, 077
innocent 156, 157
innovation 236, 237
inquire 144, 145
insect 198, 199
insight 034, 035
insist 086, 087
inspire 236, 237
instance 042, 043
instead 058, 059
instinct 198, 199
institution 032, 033
instruct 110, 111
instruction 110, 111
instrument 036, 037
insult 154, 155
insurance 082, 083
intellect 034, 035
intelligence 034, 035
intend 164, 165
interest 116, 117
interfere 100, 101
internal 130, 131
interpreter 210, 211
interrupt 080, 081
interval 182, 183
intimate 064, 065
invade 204, 205
invent 036, 037
involve 094, 095
irrational 082, 083
isolate 148, 149
issue 212, 213
item 060, 061

J

jewel 050, 051
journey 176, 177
judge 102, 103
justice 136, 137
justify 136, 137

K

keen 188, 189
kingdom 200, 201
knowledge 028, 029

L

labor 166, 167
lack 044, 045
landscape 220, 221
lately 054, 055
launch 090, 091
lawyer 102, 103
legal 082, 083
leisure 170, 171
less 188, 189
level 230, 231
liberty 100, 101
likely 156, 157
link 152, 153
liquid 124, 125
literature 208, 209
load 190, 191
local 224, 225
locate 230, 231
logic 030, 031
loss 052, 053
lung 134, 135
luxury 050, 051

M

main 224, 225
maintain 152, 153
major 122, 123
male 196, 197
mammal 196, 197
manage 074, 075
mankind 196, 197
manner 024, 025
manufacture 044, 045
market 058, 059
marvelous 026, 027
material 124, 125
mathematics 120, 121
matter 124, 125
maximum 158, 159
measure 230, 231
medicine 130, 131
medieval 222, 223
medium 212, 213
memory 140, 141
mental 134, 135

merely 116, 117
method 028, 029
military 096, 097
mineral 228, 229
minimum 158, 159
minister 088, 089
minor 086, 087
mislead 094, 095
missing 042, 043
mission 068, 069
moderate 024, 025
modern 170, 171
mold 046, 047
monument 220, 221
moral 222, 223
motivation 074, 075
mount 230, 231
movement 108, 109
murder 138, 139
muscle 108, 109
mystery 222, 223
myth 222, 223

N

namely 112, 113
native 034, 035
natural 198, 199
necessary 020, 021
neglect 068, 069
negotiation 038, 039
nervous 188, 189
neutral 236, 237
normal 226, 227
notion 030, 031
novel 206, 207
nuclear 092, 093
numerous 044, 045

O

obey 068, 069
objection 118, 119
oblige 058, 059
obscure 210, 211
observation 126, 127
obstacle 100, 101
obtain 022, 023
obvious 090, 091
occasion 078, 079
occupy 154, 155
occur 146, 147
odd 046, 047
offer 186, 187
official 136, 137
operate 130, 131
operation 130, 131
opinion 118, 119
opportunity 078, 079
oppose 090, 091
optimist 116, 117
order 048, 049
ordinary 162, 163
organization 090, 091
original 212, 213
otherwise 168, 169
outcome 072, 073
outlook 132, 133
overcome 134, 135
overseas 178, 179
oxygen 174, 175

P

parallel 122, 123
parliament 086, 087
participate 170, 171
passage 176, 177
passion 188, 189
patient 134, 135
pause 108, 109
peculiar 208, 209
penalty 102, 103
perceive 208, 209
percentage 122, 123
perception 108, 109
perform 232, 233
permanent 092, 093
permit 158, 159
persist 048, 049
personal 162, 163
persuade 112, 113
phenomenon 126, 127
philosophy 222, 223
physical 076, 077
physics 120, 121
pile 060, 061
plain 210, 211
pleasure 170, 171
plenty 114, 115
plunge 146, 147
poetry 206, 207
poison 148, 149
policy 090, 091
politics 090, 091
pollution 218, 219
popularity 170, 171
population 226, 227
positive 074, 075
possess 034, 035
possible 022, 023
postpone 176, 177

potential 058, 059
poverty 142, 143
practice 020, 021
praise 184, 185
precise 182, 183
predict 056, 057
prefecture 202, 203
prefer 120, 121
prejudice 156, 157
prepare 214, 215
present 186, 187
preserve 220, 221
president 088, 089
press 118, 119
prestige 022, 023
pretend 066, 067
prevail 056, 057
prevent 044, 045
previous 234, 235
primitive 056, 057
principle 032, 033
private 098, 099
probably 078, 079
problem 092, 093
process 044, 045
produce 160, 161
product 050, 051
profession 166, 167
profit 052, 053
profound 034, 035
progress 236, 237
promise 068, 069
promote 050, 051
proper 144, 145
property 142, 143
proportion 122, 123
propose 088, 089
prospect 112, 113
protect 076, 077
protest 144, 145
proverb 206, 207
provide 170, 171
psychology 120, 121
public 098, 099
punish 220, 221
purity 156, 157
purpose 074, 075
pursue 170, 171

Q

quality 048, 049
quantity 048, 049
quarrel 164, 165
quarter 158, 159

R

random 212, 213
rarely 078, 079
react 124, 125
readily 028, 029
reality 112, 113
recall 136, 137
receive 186, 187
recently 054, 055
recognize 088, 089
recommend 206, 207
record 210, 211
recover 130, 131
reduce 054, 055
refer 144, 145
reflect 058, 059
reform 044, 045
refuse 080, 081
regard 182, 183
region 202, 203
regret 154, 155
regular 214, 215
reject 066, 067
relation 152, 153
relative 064, 065
release 098, 099
reliable 064, 065
relief 076, 077
religion 222, 223
rely 214, 215
remain 078, 079
remarkable 024, 025
remember 212, 213
remind 140, 141
remote 178, 179
remove 110, 111
repair 146, 147
replace 200, 201
reply 072, 073
represent 178, 179
republic 088, 089
reputation 022, 023
request 164, 165
require 076, 077
rescue 218, 219
research 140, 141
resemble 200, 201
reserve 052, 053
resign 168, 169
resist 226, 227
resolve 218, 219
resort 192, 193
resource 218, 219
respect 184, 185
respond 140, 141
responsible 218, 219
restore 220, 221

restrict 054, 055
result 072, 073
retain 184, 185
retire 168, 169
reveal 156, 157
reverse 046, 047
revolution 236, 237
reward 186, 187
rhythm 214, 215
right 100, 101
risk 076, 077
role 068, 069
roughly 114, 115
routine 068, 069
royal 228, 229
rude 212, 213
ruin 220, 221
rural 132, 133

S

satellite 126, 127
satisfaction 116, 117
satisfy 116, 117
scarcely 192, 193
scheme 074, 075
scholar 110, 111
scientific 028, 029
scope 162, 163
score 214, 215
scratch 228, 229
search 140, 141
secretary 088, 089
section 042, 043
secure 050, 051
seed 224, 225
seek 188, 189
select 212, 213
senior 034, 035
sensation 188, 189
sensitive 058, 059
sentence 102, 103
separate 200, 201
serious 156, 157
service 232, 233
severe 080, 081
shade 174, 175
shelter 148, 149
shift 152, 153
shortage 044, 045
sight 132, 133
signal 146, 147
signify 116, 117
similar 222, 223
sincerely 180, 181
situation 162, 163
skill 026, 027
slight 160, 161
smart 180, 181
smell 108, 109
society 226, 227
solar 174, 175
soldier 096, 097
solid 124, 125
solution 028, 029
sophisticate 180, 181
sort 200, 201
sound 108, 109
source 070, 071
species 200, 201
specific 178, 179
spoil 220, 221
stable 112, 113
stain 228, 229
standard 078, 079
stare 132, 133
state 098, 099
steady 126, 127
stimulate 112, 113
stock 044, 045
storage 142, 143
stretch 228, 229
structure 056, 057
struggle 100, 101
subject 092, 093
substance 124, 125
substitute 144, 145
subtle 182, 183
succeed 070, 071
suffer 154, 155
suggest 028, 029
suitable 176, 177
summary 092, 093
superficial 122, 123
supply 058, 059
support 168, 169
surface 230, 231
surgeon 130, 131
surpass 114, 115
surplus 054, 055
survey 140, 141
survive 168, 169
suspect 070, 071
sympathy 188, 189
system 028, 029

T

taste 178, 179
tax 166, 167
technology 036, 037
temper 024, 025
temperament 024, 025

temperature 174, 175
tend 152, 153
tension 112, 113
term 082, 083
terrible 146, 147
terror 154, 155
theme 092, 093
theory 032, 033
therefore 192, 193
thoroughly 192, 193
threat 138, 139
tide 234, 235
title 208, 209
total 114, 115
trace 104, 105
tradition 020, 021
traffic 146, 147
tragedy 192, 193
transform 114, 115
translation 210, 211
transport 176, 177
treasure 220, 221
treat 180, 181
treatment 130, 131
treaty 098, 099
tremble 132, 133
trial 104, 105
triangle 122, 123
tribe 226, 227
triumph 094, 095
trivial 186, 187
tropical 202, 203
typical 202, 203

U

ugly 184, 185
ultimate 126, 127
uncomfortable 070, 071
undoubtedly 060, 061
unfortunately 120, 121
unique 042, 043
unite 042, 043
universe 126, 127
university 110, 111
upset 180, 181
urban 180, 181
urge 202, 203
usual 126, 127
utility 082, 083
utter 192, 193

V

vague 230, 231
vain 160, 161
valuable 060, 061
value 048, 049
variety 182, 183
vary 124, 125
vast 230, 231
vegetable 224, 225
vehicle 146, 147
venture 038, 039
verbal 180, 181
victory 094, 095
violence 138, 139
virtue 222, 223
visible 122, 123
vision 132, 133
vital 180, 181
vocabulary 208, 209
voluntary 168, 169
vote 086, 087

W

wage 052, 053
wander 168, 169
warn 192, 193
waste 218, 219
wealth 142, 143
weapon 096, 097
weary 042, 043
weather 174, 175
welfare 232, 233
wheat 224, 225
whereas 114, 115
whether 060, 061
willing 120, 121
wisdom 034, 035
within 122, 123
witness 104, 105
worry 168, 169
worship 184, 185
worth 048, 049
wound 148, 149

ちくま新書
558

実例！英単語速習術
例文で覚える一〇〇〇単語

2005年9月10日　第1刷発行

著者
晴山陽一
（はれやま・よういち）

発行者
菊池明郎
発行所
株式会社 筑摩書房
東京都台東区蔵前2-5-3　郵便番号111-8755
振替00160-8-4123
装幀者
間村俊一
印刷・製本
三松堂印刷 株式会社
ちくま新書の定価はカバーに表示してあります。
乱丁・落丁本の場合は、下記宛に御送付下さい。
送料小社負担でお取り替えいたします。
ご注文・お問い合わせも下記へお願いいたします。
さいたま市北区櫛引町2-604　筑摩書房サービスセンター
郵便番号331-8507
電話048-651-0053

ISBN4-480-06258-0 C0282

ちくま新書

045 **英文読解術** 安西徹雄
英文解釈からさらにより深い読解へ！ シドニー・ハリスやボブ・グリーンなどコラムの名手の作品をテキストにして、もう一歩先へ抜きでるコツと要点を教授する。

183 **英単語速習術** ――この一〇〇〇単語で英文が読める 晴山陽一
どんな英語の達人でも単語の学習には苦労する。英単語の超攻略法はこれだ！ 対句・フレーズ・四字熟語記憶術からイモヅル式暗記法まで、新学習テクニックの集大成。

203 **ＴＯＥＩＣ®テスト「超」必勝法** 晴山陽一
なんと一人の中年男が一夜漬けで、ＴＯＥＩＣ七四〇点をとってしまった！ このような快挙がなぜ可能だったのか。受験を実例に伝授するプラス思考の英語学習術。

236 **英単語倍増術** ――必須一〇〇〇単語を二倍にする 晴山陽一
好評『英単語速習術』で選定した学生・社会人のための「必須一〇〇〇単語」を最小限の努力で一挙に二倍にする。とっておきの英単語「超」攻略法。待望の第二弾！

355 **英単語のあぶない常識** ――翻訳名人は訳語をこう決める 山岡洋一
by〜までに、often しばしば…。本当にそうなのか？ 辞書の訳語だけではわからない。当代きっての翻訳家が実際の英文を統計処理して単語の常識を再点検。

375 **英文読解完全マニュアル** 澤井繁男
日本人に使える英語が身につかないのは、ほんとうに学校英語が悪いのか？ 受験英語の実力派講師が入試問題や教科書を素材に、英文を読みこなすツボを完全伝授！

380 **ビジネス英語を学ぶ** 亀田尚己
実務に必要な「書く」「話す」「聞く」英語はどうしたら身につくのか。商業英語のプロが自らの学習体験と英語での交渉経験をふまえて、上達のコツを手ほどきする。